Grammatik kurz & bündig
ENGLISCH

Neubearbeitung

PONS GmbH
Stuttgart

PONS
Grammatik kurz & bündig
ENGLISCH

von
Darcy Bruce Berry
Dr. Alexander T. Bergs

Neubearbeitung
von Stephan Buckenmaier

Auf der Basis von ISBN 978-3-12-561142-9.
Inhaltlich identisch mit ISBN 978-3-12-561405-5.

Auflage A1 5 4 3 2 1 / 2014 2013 2012 2011

© PONS GmbH, Rotebühlstraße 77, 70178 Stuttgart, 2011
PONS Produktinfos und Shop: www.pons.de
PONS Sprachenportal: www.pons.eu
E-Mail: info@pons.de

Logoentwurf: Erwin Poell, Heidelberg
Logoüberarbeitung: Sabine Redlin, Ludwigsburg
Titelfoto: Vlado Golub, Stuttgart
Einbandgestaltung: Tanja Haller, Petra Hazer, Stuttgart
Illustrationen: Stefan Theurer, Eningen
Layout/Satz: Satz und mehr, Besigheim
Druck und Bindung: Print Consult GmbH, Oettingenstraße 23, München

Printed in Spain.
ISBN: 978-3-12-561633-2

So benutzen Sie dieses Buch

Die **PONS Grammatik kurz & bündig Englisch** bietet Ihnen eine über-
sichtliche Darstellung der aktuellen englischen Sprache in Nordamerika
und Großbritannien. Anhand zahlreicher englischer Beispielsätze mit
deutschen Übersetzungen können Sie die Regeln der englischen Sprache
auf einfache und verständliche Weise erlernen oder wiederholen.

Wenn Sie schnell und gezielt etwas nachschlagen wollen, hilft Ihnen
dabei unser Leitsystem: Orientieren Sie sich zunächst an den **Kopfzeilen**
mit den Kapitelüberschriften. Zu den Unterkapiteln, die Sie besonders
interessieren, gelangen Sie dann ganz leicht mit Hilfe der **Fußzeilen**!

Darüber hinaus finden Sie unter der Rubrik **Leicht gemerkt!** das
Wichtigste zu jedem Kapitel in diesem Buch noch einmal in Kurzform
zusammengefasst. Wenn Sie sich also zu einem bestimmten Grammatik-
thema einen kurzen, aber gründlichen Überblick verschaffen wollen,
dann können Sie sich an diesem Leicht-Merk-System orientieren!

Bei der Arbeit mit diesem Buch helfen Ihnen die folgenden Symbole:

Hier wird auf eine Regel oder Besonderheit hingewiesen,
die Sie nicht übersehen sollten.

Kleine Tipps verraten Ihnen an dieser Stelle, wie Sie sich
die Regeln besser merken können.

Hier werden Unterschiede zwischen dem Deutschen und
dem Englischen aufgezeigt.

Mit diesem Symbol weisen wir Sie auf Varianten der englischen Sprache in Großbritannien und Nordamerika hin.

Bestimmte Regeln kann man sich auch spielerisch ganz leicht
erarbeiten. Probieren Sie doch einmal unsere Spiel- und
Übungsvorschläge an dieser Stelle aus!

Hier wird auf ein anderes Grammatikkapitel verwiesen,
z.B. ▶ Verbs – *Verben*.

Im Anhang finden Sie außerdem einige **Erklärungen wichtiger
Grammatikbegriffe** und ein ausführliches **Stichwortregister**, mit
dem Sie nach bestimmten Themen gezielt suchen können. So wird
die **PONS Grammatik kurz & bündig Englisch** zu Ihrem wertvollen
Begleiter beim Erlernen der englischen Sprache.

Viel Spaß und Erfolg!

Inhalt

Grammatikbegriffe in der Übersicht

Englisch	Latein	Deutsch
active	Aktiv	Tätigkeitsform
adjective	Adjektiv	Eigenschaftswort
adverb	Adverb	Umstandswort
article	Artikel	Geschlechtswort
auxiliary (verb)	Hilfsverb	Hilfstätigkeitswort
conjunction	Konjunktion	Bindewort
consonant	Konsonant	Mitlaut
demonstrative pronoun	Demonstrativpronomen	hinweisendes Fürwort
future	Futur	Zukunft
imperative	Imperativ	Befehlsform
indefinite pronoun	Indefinitpronomen	unbestimmtes Fürwort
infinitive	Infinitiv	Grundform des Verbs
intransitive verb	intransitives Verb	Tätigkeitswort ohne direktes Objekt
modal (verb)	Modalverb	modales Tätigkeitswort
noun	Nomen/Substantiv	Hauptwort
object	Objekt	Ergänzung
participle	Partizip	Mittelwort
passive	Passiv	Leideform
past	Präteritum	Vergangenheit
personal pronoun	Personalpronomen	persönliches Fürwort
plural	Plural	Mehrzahl
possessive pronoun	Possessivpronomen	besitzanzeigendes Fürwort
preposition	Präposition	Verhältniswort
present	Präsens	Gegenwart
present perfect	Perfekt	vollendete Gegenwart
progressive form	–	Verlaufsform
pronoun	Pronomen	Fürwort
reflexive pronoun	Reflexivpronomen	rückbezügliches Fürwort
relative pronoun	Relativpronomen	bezügliches Fürwort
simple form	–	einfache Form
singular	Singular	Einzahl
subject	Subjekt	Satzgegenstand
transitive verb	transitives Verb	Tätigkeitswort mit direktem Objekt
verb	Verb	Tätigkeitswort
vowel	Vokal	Selbstlaut

1 | Verbs – *Verben*

Vollverben

Transitive und intransitive Verben

Es gibt zwei Arten von Verben:

- Viele Verben benötigen im Satz mindestens *ein* Objekt, also eine Ergänzung.
  Solche Verben nennt man transitive Verben:

Anne likes dogs.	*Anne mag Hunde.*
Peter kissed Mary.	*Peter küsste Mary.*

  Oft werden auch *zwei* Objekte benötigt:

Jeremy wrote me a letter.	*Jeremy schrieb mir einen Brief.*
Paul gave me a book.	*Paul gab mir ein Buch.*

- Als intransitive Verben bezeichnet man dagegen Verben, die *kein* Objekt benötigen:

Anne slept.	*Anne schlief.*
The children cried.	*Die Kinder weinten.*

  Manche Verben können sowohl transitiv als auch intransitiv gebraucht werden:

John is reading a book.	*John liest gerade ein Buch.*
John is reading.	*John liest gerade.*

Regelmäßige und unregelmäßige Verben

Bei **regelmäßigen Verben** braucht man nur den Infinitiv (die Grundform) um alle anderen Formen abzuleiten:

Infinitive/Grundform	Simple Past	Past Participle
(to) **call**	called	called
(to) **kiss**	kissed	kissed

Bei **unregelmäßigen Verben** reicht der Infinitiv nicht, da sich das Simple Past bzw. Past Participle nicht ableiten lassen:

Infinitive/Grundform	Simple Past	Past Participle
(to) **sing**	sang	sung
(to) **see**	saw	seen

Tenses – *Zeitformen*

Einfache Formen

Bei den Zeiten werden nur die einfache Gegenwart und die einfache Vergangenheit ohne Hilfsverb gebildet:

Simple Present – *Einfache Gegenwartsform*

Das Simple Present ist bei fast allen Verben in allen Personen außer der dritten (**he/she/it**) gleich dem Infinitiv (der Grundform). Vollverben in Sätzen mit Subjekten in der dritten Person haben in der Regel ein **-s** am Ende.

I like hairy spiders.	*Ich mag haarige Spinnen.*
You need a haircut.	*Du musst zum Friseur.*
He/She watches TV every night.	*Er/Sie sieht jeden Abend fern.*
Theresa prefers white wine.	*Theresa trinkt lieber Weißwein.*
Tom and Martha want a new car.	*Tom und Martha wollen ein neues Auto.*

Leicht gemerkt!

So können Sie sich das **-s** in der dritten Person Singular im Simple Present ganz leicht merken:

Bei **he/she/it**, das **-s** muss mit!

He likes peanuts.	*Er mag gerne Erdnüsse.*
She often walks in the park.	*Sie spaziert oft im Park.*
In winter it usually snows around here.	*Im Winter schneit es hier normalerweise.*

Lediglich bei den Hilfsverben **be** und **have** und den Modalverben **may**, **can**, **will**, **should** usw. gibt es Abweichungen (▶ Auxiliaries-*Hilfsverben*):

BE *(sein)*	
I am tired.	*Ich bin müde.*
You are tired.	*Du bist müde.*
He/She/It is boring.	*Er/Sie/Es ist langweilig.*
Ballet is boring.	*Ballett ist langweilig.*
Peter, Paul and Mary are here.	*Peter, Paul und Mary sind hier.*

HAVE *(haben)*

I **have** a car.	*Ich habe ein Auto.*
You **have** a nice jacket.	*Du hast eine hübsche Jacke.*
Mary Jane **has** a bicycle.	*Mary Jane hat ein Fahrrad.*
They **have** a swimming-pool.	*Sie haben ein Schwimmbad.*

Die Modalverben (▶ Modalverben) haben immer die gleiche Form:

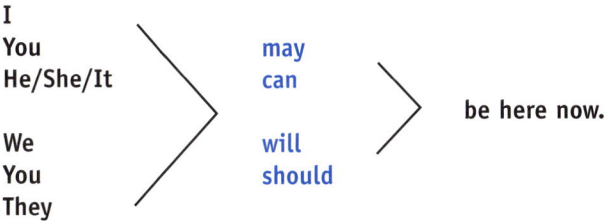

I
You   **may**
He/She/It   **can**
                          be here now.
We   **will**
You   **should**
They

z.B.: *Du solltest/könntest/... jetzt hier sein.*

Simple Past – *Einfache Vergangenheitsform*

Bei der regelmäßigen Form des Simple Past fügt man **-ed** ans Ende des Infinitivs. Dies gilt für jedes Subjekt, d.h. alle Personen.

I **wanted** a new car.	*Ich wollte ein neues Auto.*
My colleagues **worked** yesterday.	*Meine Kollegen arbeiteten gestern.*

Einige der wichtigsten unregelmäßigen Verben:

Infinitive	Simple Past	Past Participle	Übersetzung
be	was	been	*sein*
begin	began	begun	*beginnen*
bring	brought	brought	*bringen*
buy	bought	bought	*kaufen*
catch	caught	caught	*fangen, erwischen*
choose	chose	chosen	*auswählen*
come	came	come	*kommen*
cost	cost	cost	*kosten*
cut	cut	cut	*schneiden*
do	did	done	*tun, machen*
drink	drank	drunk	*trinken*
drive	drove	driven	*fahren*
eat	ate	eaten	*essen*
fall	fell	fell	*(hin)fallen*

Infinitive	Simple Past	Past Participle	Übersetzung
feel	felt	felt	*(sich) fühlen*
fly	flew	flown	*fliegen*
forget	forgot	**forgotten** (UK) **forgot** (US)	*vergessen*
get	got	**got** (UK), **gotten** (US)	*bekommen, werden*
give	gave	given	*geben, schenken*
go	went	gone	*(hin)gehen*
have	had	had	*haben*
hear	heard	heard	*hören*
keep	kept	kept	*behalten*
know	knew	known	*wissen, kennen*
leave	left	left	*weggehen, verlassen*
lend	lent	lent	*ausleihen*
lose	lost	lost	*verlieren*
make	made	made	*machen*
pay	paid	paid	*(be)zahlen*
put	put	put	*stellen, (hin)legen*
read	read	read	*lesen*
ride	rode	ridden	*reiten, (mit)fahren*
ring	rang	rung	*läuten, ringen*
run	ran	run	*laufen*
say	said	said	*sagen*
see	saw	seen	*sehen*
sell	sold	sold	*verkaufen*
sing	sang	sung	*singen*
sit	sat	sat	*sitzen*
sleep	slept	slept	*schlafen*
take	took	taken	*(mit)nehmen*
teach	taught	taught	*lehren, unterrichten*
tell	told	told	*erzählen, sagen*
think	thought	thought	*denken, glauben*
write	wrote	written	*schreiben*

Es gibt eine Reihe von Verben, die im Amerikanischen regelmäßig (also mit **-ed**) gebildet werden, im britischen Englisch jedoch nicht:

Infinitive	Simple Past	Past Participle	Übersetzung
dream	**dreamt** (UK) **dreamed** (US)	**dreamt** (UK) **dreamed** (US)	*träumen*
lean	**leant**	**leant**	*(sich) anlehnen*
learn	**learnt**	**learnt**	*lernen*
spell	**spelt**	**spelt**	*buchstabieren*
spill	**spilt**	**spilt**	*verschütten*
spoil	**spoilt**	**spoilt**	*verderben, verwöhnen*
wake	**woke**	**woken**	*erwachen, aufwecken*

Das einzige Verb, wo dies umgekehrt passiert, ist **to dive**:

Infinitive	Simple Past	Past Participle	Übersetzung
dive	**dove** (US) **dived** (UK)	**dived** (US) **dived** (UK)	*tauchen, hechten*

Zusammengesetzte Formen

Zusammengesetzte Formen bestehen aus mindestens einem Hilfsverb und der entsprechenden Form des Vollverbs.

Progressive – *Die Verlaufsform*

Um eine Progressive Form zu bilden, braucht man die richtige Form von **be** als Hilfsverb und die *ing*-Form des Vollverbs. Zur Bildung der *ing*-Form hängt man einfach **-ing** an den Infinitiv (die Grundform) des Vollverbs.

Present Progressive	
The cat is sleeping.	*Die Katze schläft gerade.*
They are learning English.	*Sie lernen gerade Englisch.*

Past Progressive	
George was wearing a bow tie.	*George trug eine Fliege.*
You were all driving me crazy.	*Ihr habt mich alle verrückt gemacht.*

Perfect Tenses – *Perfektformen*

Perfect Tenses bildet man immer mit dem Hilfsverb **have** und dem Past Participle des Vollverbs. Man unterscheidet zwischen dem gegenwartsbezogenen Present Perfect und der Vorvergangenheit, dem Past Perfect.

Present Perfect	
I have seen her before. Carla has hidden my shoes again.	*Ich habe sie schon einmal gesehen.* *Carla hat wieder meine Schuhe versteckt.*

Past Perfect	
Deanna had chosen a large SUV.	*Deanna hatte sich einen großen Geländewagen ausgesucht.*
Wally had slipped on a banana peel.	*Wally war auf einer Bananenschale ausgerutscht.*

In der gesprochenen Sprache ist es üblich, die Gegenwarts- und Vergangenheitsformen von **have** zusammenzuziehen und an das Subjekt anzuhängen:

You have gone.	▶	You've gone.	*Du bist (fort)gegangen.*
She has gone.	▶	She's gone.	*Sie ist (fort)gegangen.*
We had gone.	▶	We'd gone.	*Wir waren (fort)gegangen.*

Future – *Zukunft*

Das Englische hat viele verschiedene Zukunftsformen, die sehr schwer zu unterscheiden sind (▶ Wie man über die Zukunft spricht). Sehr häufig aber bildet man die Zukunftsform einfach mit dem Hilfsverb **will** (das nie verändert wird) und dem Infinitiv (der Grundform) des Vollverbs:

They will move next year.	*Sie werden nächstes Jahr umziehen.*
She will never meet him again.	*Sie wird ihn nie wieder sehen.*

Passive Forms – *Passiv*

Das normale englische Passiv wird mit dem Hilfsverb **be** und dem Past Participle gebildet:

That song is sung at services.	*Dieses Lied wird beim Gottesdienst gesungen.*
The dishwasher was repaired today.	*Die Spülmaschine wurde heute repariert.*

Wenn man in Passivsätzen den Urheber einer Handlung nennen will, wird dieser immer mit **by** angeschlossen:

The dessert is brought by the butler.	*Der Nachtisch wird vom Butler gebracht.*
He was greeted by many people.	*Er wurde von vielen Leuten gegrüßt.*

Kombinationen von Hilfsverben

Es ist möglich, verschiedene Hilfsverben nach Bedarf aneinander zu reihen. Dabei bleibt die Reihenfolge gleich, man muss aber auf die richtigen Formen achten:

Modalverb – **have** *(perfect)* – **be** *(progressive)* – **be** *(passive)* – Vollverb

She had been promoted.	*Sie war befördert worden.*
They will have been taught French for a year now.	*Sie werden jetzt wohl seit einem Jahr in Französisch unterrichtet.*
He can't be eating again!	*Er kann doch nicht schon wieder beim Essen sein!*

Used to – *früher*

Um vergangene Zustände und Gewohnheiten zu beschreiben, verwendet man häufig **used to**. Dies drückt dann ungefähr das gleiche aus wie das deutsche *früher*. Sehr oft beinhalten Formen mit **used to** den Hinweis, dass der Zustand bzw. die Gewohnheit nicht mehr gilt:

But you used to like spinach.	*Aber früher hast du Spinat doch gemocht.*
Mr. Jones used to go for a walk every day.	*Früher ist Herr Jones jeden Tag spazieren gegangen.*

Man setzt **used to** wie ein Hilfsverb zwischen das Subjekt und das Vollverb. **Used** ist dann das erste Verb des Satzes.

Zu beachten ist außerdem, dass **used to** im Kontext **be used to** + *ing*-Form *etwas gewöhnt sein* bedeutet (▶ **Be used to** und **get used to**):

Carlos is used to washing up the dishes.	*Carlos ist es gewöhnt, das Geschirr abzuwaschen.*

Anwendung der verschiedenen Formen

1. Simple Present and Present Progressive

Das Simple Present wird hauptsächlich für Tatsachen und Gewohnheiten in der Gegenwart verwendet:

I **like** chocolate ice cream.	*Ich mag Schokoladeneis.*
The church bells **ring** every hour.	*Die Kirchenglocken läuten jede Stunde.*
The children **watch** TV every night.	*Die Kinder sehen jeden Abend fern.*

Das Present Progressive hingegen drückt aus, dass etwas nur vorübergehend oder „im Augenblick", also „jetzt" geschieht. Solche Zustände können auch sich wiederholende Ereignisse sein. Im Deutschen wird dieser Aspekt oft mit Wörtern wie *gerade, im Augenblick* oder *jetzt* umschrieben:

I**'m eating** chocolate ice cream.	*Ich esse gerade Schokoladeneis.*
It**'s raining**.	*Es regnet.*
What **are** you **thinking** about?	*Woran denkst Du gerade?*

2. Present Perfect

Das Present Perfect benutzt man für Zustände und Ereignisse, die in der Vergangenheit angefangen haben, in der Gegenwart als noch nicht abgeschlossen gelten, oder für diese immer noch größere Bedeutung haben:

The plumber **has been** here since 9 a.m.	*Der Klempner ist (schon) seit 9 Uhr morgens da.*
We**'ve lived** in London for five years.	*Wir leben seit fünf Jahren in London.*
Pete **has given** me a small present.	*Pete hat mir ein kleines Geschenk gemacht.*
I**'ve worked** all day, and now I want to relax.	*Ich habe den ganzen Tag gearbeitet, und jetzt will ich mich entspannen.*

Man verwendet das Present Perfect auch für Neuigkeiten:

Beatrice has written **another novel.**	*Beatrice hat noch einen Roman geschrieben.*
Playboy Clark has married **for the seventh time.**	*Der Playboy Clark hat (gerade) zum siebten Mal geheiratet.*

3. Present Perfect and Simple Past

Wie oben beschrieben, kann man das Present Perfect nur dann verwenden, wenn ein Ereignis oder ein Zustand irgendwie aktuell ist. Wenn aber das Ereignis oder der Zustand in der Vergangenheit liegt und abgeschlossen ist, muss man das Simple Past verwenden:

I have lived **in London for five years.**	*Ich lebe seit fünf Jahren in London. (Und tue dies immer noch!)*
I lived **in London for five years.**	*Ich habe fünf Jahre lang in London gelebt. (z.B. als ich ein Kind war!)*
We've met **before.**	*Wir sind uns schon mal begegnet. (irgendwann, ohne feste Zeitangabe)*
We met **at a party last week.**	*Wir haben uns letzte Woche auf einem Fest kennen gelernt. (abgeschlossen, Zeitangabe)*

Im Amerikanischen Englisch können einige Ausdrücke, die auf aktuelle Zustände hindeuten (z.B. **just, already**) auch mit dem Simple Past stehen:

UK	
He has just left the hotel.	*Er hat gerade das Hotel verlassen.*
US	
He just left the hotel.	*Er hat gerade das Hotel verlassen.*

Wenn man einen Zeitausdruck benutzen will, der einen Zeitraum oder einen Zeitpunkt in der Vergangenheit bezeichnet, kann man das Present Perfect nicht verwenden:

I saw that play last year.   *Ich habe dieses Theaterstück letztes Jahr gesehen.*

I paid that bill on the first of the month.   *Ich habe diese Rechnung am Monatsersten bezahlt.*

4. Simple Past and Past Progressive

Einerseits benutzt man das Simple Past für Allgemeinheiten und Gewohnheiten in der Vergangenheit, ähnlich wie **used to**:

Leonard's cat liked spaghetti. **Leonard's cat used to like spaghetti.**	*Leonards Katze mochte Spaghetti.*
Professor Roberts always wrote on the blackboard. **Professor Roberts used to write on the blackboard.**	*Professor Roberts schrieb immer an die Tafel.*

Andererseits verwendet man das Simple Past auch für einzelne Ereignisse in der Vergangenheit:

Their daughter ran off with a hobo. **Several plates fell off the shelves.**	*Ihre Tochter ist mit einem Landstreicher durchgebrannt.* *Mehrere Teller fielen aus dem Regal.*

In einer Erzählung im Simple Past geschehen dann beispielsweise die Ereignisse genau in der Reihenfolge, in der sie erzählt werden.

Dagegen verwendet man das Past Progressive für Ereignisse, die zu einem bestimmten Zeitpunkt in der Vergangenheit gerade abliefen:

At that moment she was thinking about her problems at work.	*In dem Moment dachte sie gerade über ihre Probleme bei der Arbeit nach.*
When I saw him, he was dipping doughnuts in his coffee.	*Als ich ihn sah, war er dabei Doughnuts in seinen Kaffee zu tunken.*

Solche Zustände können auch sich wiederholende Ereignisse sein. Durch das Past Progressive deutet man an, dass der Zeitraum dieser Ereignisse nicht allzu lang dauerte:

At that time we were talking on the phone every day.	*Zu der Zeit telefonierten wir jeden Tag.*
In those days they were buying real estate like crazy.	*Damals haben sie Immobilien wie verrückt gekauft.*

5. Wie man über die Zukunft spricht

Wie bereits erwähnt, bildet man das Future Tense mit dem Hilfsverb **will**. Allerdings wird diese Zeitform nicht so häufig angewandt, wie man es vielleicht vermuten würde. Die Zukunft mit **will** verwendet man hauptsächlich für Ereignisse, die nicht geplant werden, sondern einfach so passieren oder passieren könnten:

It will rain soon.	*Es wird bald regnen.*
If you aren't careful, you'll fall.	*Wenn du nicht aufpasst, fällst du hin.*
Business will improve during the Christmas season.	*Das Geschäft wird in der Vorweihnachtszeit besser laufen.*

Außerdem verwendet man diese Zukunftsform für Vorschläge und Ideen bei der Planung:

I'll buy the drinks for the party.	*Ich kann die Getränke für das Fest kaufen.*
Marty will drive Al home after the meeting.	*Marty fährt Al nach der Besprechung heim.*
Jon will take the car tomorrow, and we'll take the bus.	*Jon nimmt morgen das Auto mit, und wir fahren mit dem Bus.*

! Ist etwas aber schon geplant, so ist das Future Tense nicht
üblich. Das gilt besonders für die gesprochene Sprache. Dann
muss man auf andere Ausdrucksweisen ausweichen:

Be going to ist die allgemeine Zukunftsform der gesprochenen Sprache. Man kann sie für geplante wie ungeplante Ereignisse (aber nicht
für Vorschläge) verwenden:

I'm going to marry in April.	*Ich werde im April heiraten.*
It's going to rain.	*Es wird bald regnen.*

Present Progressive
Für fest geplante Ereignisse kann man auch das Present Progressive
benutzen:

Mabel is flying to Hawaii tomorrow.	*Mabel fliegt morgen nach Hawaii.*
My parents are moving next year.	*Meine Eltern ziehen nächstes Jahr um.*

Future Progressive
Das Future Progressive ist eine Kombination aus **will** und Progressive
(**be** + *ing*-Form). Diese Form verwendet man, wenn das Ereignis sowie-
so passieren wird, also nicht extra geplant werden muss:

I can ask Randy. I'll be seeing him tonight.	*Ich kann Randy fragen. Ich sehe ihn heute abend sowieso.*

Simple Present
Man kann das Simple Present ebenfalls für Ereignisse in der Zukunft
verwenden, wenn es um einen fest geplanten Zeitpunkt geht:

My cousin arrives on Monday.	*Meine Kusine kommt am Montag an.*
Dr Curtis and her husband travel to Moscow on the 27th.	*Dr. Curtis und ihr Mann reisen am 27. nach Moskau.*

6. Zukunft in der Vergangenheit

Manchmal ist es notwendig, aus der Perspektive der Vergangenheit
von etwas zu berichten, das damals noch in der Zukunft lag.

Yesterday morning Sue was going to be late.	*Gestern früh war Sue drauf und dran zu spät zu kommen.*

Hierzu kann man natürlich die oben erwähnten Zukunfsformen in entsprechende Vergangenheitsformen umwandeln. Allerdings geht dies

nicht immer. Man kann z.B. **would** als Vergangenheit von **will** normalerweise nur in der indirekten Rede benutzen:

Harold said that Sue would **be late.**	*Harold sagte, dass Sue später kommen würde.*

Ansonsten hat **will** überhaupt keine Vergangenheitsform. Deshalb muss man auf einen Ersatz, eine Umschreibung zurückgreifen, nämlich **going to**:

Last week they were going to drive **me crazy.**	*Letzte Woche waren sie auf dem Weg mich in den Wahnsinn zu treiben.*

Wenn man das Simple Present in das Simple Past verwandelt, hat der Satz nur eine normale Vergangenheitsbedeutung:

My cousin arrived **on Monday.**	*Meine Kusine kam am Montag an.*

Hier ist es also besser, entweder **going to** oder das Past Progressive zu verwenden:

My cousin was going to arrive **on Monday.**	*Meine Kusine wollte/sollte am Montag ankommen.*
My cousin was arriving **on Monday.**	*Meine Kusine wollte/sollte am Montag ankommen.*

Leicht gemerkt!

Die Zeitformen im Englischen

So merken Sie sich die englischen Zeitformen am besten:

Die Zeitform (das Tempus) eines Verbs bestimmt, wann etwas passiert. Zunächst einmal unterscheidet man dabei drei Zeitstufen: die Vergangenheit (**past**), die Gegenwart (**present**) und die Zukunft (**future**). Darüber hinaus kann die Form eines Verbs auch die Art und Weise (den so genannten Aspekt) bestimmen, in der die Zeit vom Sprecher erfahren wird. Man unterscheidet drei Aspekte im Englischen: Verbformen können einfach (**simple**), in ihrem Verlauf (**progressive**) und als vollendet (**perfect**) erfahren werden.

Im Folgenden sehen Sie die sich daraus ergebenden Zeitformen im Englischen auf einen Blick:

Zeitstufe	Zeitform	Beispiel	Übersetzung
Gegenwart	Simple Present	He plays football.	*Er spielt Fußball.*
	Present Progressive	He is playing football.	*Er spielt gerade Fußball.*
	Present Perfect	He has played football.	*Er hat Fußball gespielt.*
	Present Perfect Progressive	He has been playing football.	*Er hat gerade Fußball gespielt.*
Vergangenheit	Simple Past	He played football.	*Er spielte Fußball.*
	Past Progressive	He was playing football.	*Er spielte gerade Fußball.*
	Past Perfect	He had played football.	*Er hatte Fußball gespielt.*
	Past Perfect Progressive	He had been playing football.	*Er hatte gerade Fußball gespielt.*
Zukunft	Future I	He will play football.	*Er wird Fußball spielen.*
	Future I Progressive	He will be playing football.	*Er wird gerade Fußball spielen.*
	Future II	He will have played football.	*Er wird Fußball gespielt haben.*
	Future II Progressive	He will have been playing football.	*Er wird gerade Fußball gespielt haben.*

Darüber hinaus gibt es noch zwei Zeitformen, die zur Bildung von irrealen Bedingungssätzen (▶ Konditionalsätze) gebraucht werden:

Zeitstufe	Zeitform	Beispiel	Übersetzung
Gegenwart	Conditional II	He would play football.	*Er würde Fußball spielen.*
Vergangenheit	Conditional Past	He would have played football.	*Er hätte Fußball gespielt.*

Tenses – *Zeitformen*

Auxiliaries – *Hilfsverben*

Hilfsverben stehen im Englischen zwischen dem Subjekt und dem Vollverb:

The dog has eaten my homework.   *Der Hund hat meine Hausaufgaben gefressen.*

They are looking for Easter eggs.   *Sie suchen gerade Ostereier.*

Unentbehrliche Hilfsverben

Bestimmte grammatische Strukturen (wie z. B. Fragen und Verneinungen) können ohne Hilfsverb nicht gebildet werden. Wenn kein Hilfsverb vorhanden ist (nämlich bei einfacher Gegenwart oder Vergangenheit), muss man das Spezialhilfsverb **do** verwenden. Dieses merkwürdige Hilfsverb hat keine eigene Bedeutung! Es erfüllt nur diese grammatikalische Funktion.

Yes-No Questions – *Ja-Nein-Fragen*

Fragen, auf die man mit *ja* oder *nein* antwortet, werden von einem Hilfsverb eingeleitet. Wenn das Hilfsverb im entsprechenden Aussagesatz schon vorhanden ist, setzt man es einfach an den Satzanfang. Wenn aber der Aussagesatz nur ein Vollverb enthält, muss das Spezialhilfsverb **do** einspringen:

Have you seen the new film?   *Hast du den neuen Film gesehen?*
Do you want to marry me?   *Willst Du mich heiraten?*
Does he like chocolate?   *Mag er Schokolade?*

Die entsprechenden Aussagesätze sind:

You have seen the new film.   *Du hast den neuen Film gesehen.*
You want to marry me.   *Du willst mich heiraten.*
He likes chocolate.   *Er mag Schokolade.*

Der erste Aussagesatz enthält das Hilfsverb **have**, das dann an erster Stelle in der Frage steht. Der zweite und der dritte Aussagesatz enthalten kein Hilfsverb. Da man die Frage ohne Hilfsverb gar nicht anfangen kann, setzt man die passende Form von **do** an den Satzbeginn. Bei zwei oder mehr Hilfsverben in der Aussage wird nur das erste vorangezogen:

Aussage	
The letters **have been** sent.	*Die Briefe sind abgeschickt worden.*
Frage	
Have the letters **been** sent?	*Sind die Briefe abgeschickt worden?*

Eine kleine Besonderheit findet sich bei Ja-Nein-Fragen mit **have** bzw. **have got** (*haben, besitzen*). Im britischen Englisch werden entsprechende Aussagesätze häufig mit **have got** gebildet. Dann ist das erste Hilfsverb für die Frage **have.** Im amerikanischen Englisch werden die entsprechenden Aussagesätze eher mit dem einfachen **have** gebildet. Dies gilt dann natürlich als Vollverb und braucht zur Fragebildung noch das Hilfsverb **do:**

Aussage	
She **has got** a red car. (UK)	*Sie hat ein rotes Auto.*
She **has** a red car. (US)	*Sie hat ein rotes Auto.*
Frage	
Has she got a red car? (UK)	*Hat sie ein rotes Auto?*
Does she have a red car? (US)	*Hat sie ein rotes Auto?*

Negation – *Verneinung*

Die normale Satzverneinung mit **not** verlangt ein Hilfsverb. Dabei steht **not** zwischen dem Hilfsverb und dem Vollverb:

The guests had **not** arrived yet.	*Die Gäste waren noch nicht angekommen.*
We did **not** like the beer.	*Wir mochten das Bier nicht.*

Ohne **do** (in diesem Fall die Vergangenheitsform **did**) hätte der zweite Satz kein Hilfsverb. Der entsprechende nicht verneinte Satz lautet nämlich:
We liked the beer.   *Wir mochten das Bier.*

Diesen Satz kann man nicht verneinen, indem man nur **not** in den Satz einschiebt! Man benötigt hier also unbedingt das Hilfsverb **do** (bzw. **did**)!

In der gesprochenen Sprache verwendet man das ausführliche **not** nur zur ausdrücklichen, betonten Verneinung und sonst eher selten. Stattdessen benutzt man oft die Kurzform **-n't**, die an das Hilfsverb angehängt wird:

The guests hadn't arrived yet.   *Die Gäste waren noch nicht angekommen.*
We didn't like the beer.   *Wir mochten das Bier nicht.*

Wenn man nun eine Ja-Nein-Frage mit einem verneinten Satz bilden will, muss man das Hilfsverb voranziehen. Dabei geht **-n't** mit an den Satzanfang:

Didn't you like the beer?   *Habt ihr das Bier denn nicht gemocht?*

Kurzantworten

Wenn man eine Frage gestellt bekommt, ist es meist nicht notwendig mit einem vollständigen Satz zu antworten. Bei einer Ja-Nein-Frage kann man natürlich einfach nur **yes** oder **no** sagen. Dies wird aber oft als abgehackt und unhöflich empfunden. Daher fügt man einen abgekürzten Satz hinzu.

Bei der Antwort **yes** besteht der abgekürzte Satz nur aus Subjekt und Hilfsverb:

Did you watch the film on Monday?   *Hast du am Montag den Film gesehen?*
Yes, I did.   *Ja, habe ich.*

Can you pass me the salt?   *Kannst Du mir das Salz geben?*
Yes, I can.   *Ja, kann ich.*

Bei der Antwort **no** enthält der abgekürzte Satz das Subjekt und ein Hilfsverb mit angehängter Verneinung (**-n't**):

Did you watch the film on Monday?   *Hast du am Montag den Film gesehen?*
No, I didn't.   *Nein, habe ich nicht.*

Can you pass me the salt?   *Kannst Du mir das Salz geben?*
No, I can't.   *Nein, kann ich nicht.*

Sehr wichtig bei Kurzantworten ist, dass das Hilfsverb immer dasselbe ist wie in der vorangegangenen Frage.

Es gibt auch noch spezielle Kurzantworten auf Subjektsfragen, d.h. Fragen, bei denen das Frageswort das Subjekt ist. Hier besteht die Kurzantwort aus dem Subjekt und dem entsprechenden Hilfsverb:

Who has been to Paris? Terry and Larry have.	*Wer war schon mal in Paris?* *Terry und Larry waren schon mal dort.*
Who bought the present for Susan? Harry did.	*Wer hat das Geschenk für Susan gekauft?* *Harry hat das gemacht.*

Question tags – *Frageanhängsel*

Häufig begegnet man im Englischen Aussagesätzen, die von so genannten **question tags** gefolgt werden. Das **tag** (Anhängsel) hat dabei immer die Form einer kurzen Frage aus dem Hilfsverb und dem Subjekt.

Laura hasn't taken my sweater, has she?	*Laura hat meinen Pullover nicht* *mitgenommen, oder?*

Das Subjekt der angehängten Frage ist immer das Pronomen, welches dem Subjekt der vorangegangenen Aussage entspricht:

The children have returned, haven't they?	*Die Kinder sind zurück, oder?*

Wenn das Verb in der Aussage kein Hilfsverb, sondern ein Vollverb ist, verwendet man im Frageanhängsel das Spezialhilfsverb **do**.

You know my friend Sebastian, don't you?	*Du kennst meinen Freund Sebastian* *schon, nicht wahr?*

Wichtig ist, dass nach einer bejahten Aussage das verneinte **tag** steht, und nach einer verneinten Aussage ein bejahtes Frageanhängsel folgt:

Billie had left, hadn't she?	*Billie war schon gegangen,* *nicht wahr?*
Billie hadn't left, had she?	*Billie war noch nicht gegangen,* *nicht wahr?*

Mit den **question tags** bittet man zum Beispiel sein Gegenüber um Bestätigung, oder man erwartet sich dadurch eine Zustimmung des Gegenübers zur eigenen Aussage.

Modalverben

Formen

In Verbindung mit einem Vollverb im Infinitiv gibt es eine Reihe von Modalverben, die sich ähnlich wie Hilfsverben verhalten. Die wichtigsten Modalverben im Englischen sind **can, could, will, would, shall, should, may, might** und **must**. Es wird oft gesagt, dass sich die meisten dieser Verben in Gegenwarts-Vergangenheits-Paare einordnen lassen:

Gegenwartsform	Vergangenheitsform	Übersetzung
can	could	*können*
will	would	*werden, wollen*
shall	should	*werden, sollen*
may	might	*dürfen, können*

Diese Behauptung stimmt bezüglich der indirekten Rede. Ansonsten ist die Aussage jedoch nicht richtig. Nur **could** wird tatsächlich manchmal als Vergangenheitsform von **can** verwendet:

Gegenwart	
You **can** open the door.	*Du kannst die Tür aufmachen.*
Vergangenheit	
You **could** open the door, after all.	*Du konntest die Tür doch aufmachen.*

Es ist viel einfacher, die Bedeutungen der einzelnen Formen auswendig zu lernen. Hier eine Reihe von möglichen Übersetzungen:

can	*kann*	could	*konnte, könnte*
will	*wird*	would	*würde*
shall	*wird, soll*	should	*sollte, soll, dürfte*
may	*darf, kann*	might	*könnte*
must	*muss*		

Das englische **will** ist im modernen Sprachgebrauch nicht gleich dem deutschen *will* (*wollen*). Das deutsche Verb *wollen* wird mit dem Vollverb **want** übersetzt.

They **will** have dinner soon.	*Sie werden bald zu Abend essen.*
They **want** to have dinner soon.	*Sie wollen bald zu Abend essen.*

Parallel dazu heißt **would** *würde* (und nicht *wollte*):

Ms. Fielding **would** do it.	*Frau Fielding würde es tun.*
Ms. Fielding **wanted** to do it.	*Frau Fielding wollte es tun.*

Man verwendet **would** auch um über Gewohnheiten in der Vergangenheit zu sprechen:

He **would** go in and order five hamburgers.	*Er ging einfach rein und bestellte fünf Hamburger.*

Gerade in der gesprochenen Sprache wird **will** oft zu **'ll** bzw. **would** zu **'d** verkürzt und an das Subjekt angehängt:

I'll bring my special tuna and ketchup salad.	*Ich bringe meinen Tunfisch-und-Ketchup-Spezialsalat mit.*
They'd buy a yacht if they had the money.	*Sie würden sich eine Jacht kaufen, wenn sie das Geld hätten.*

Fehlende Formen und Alternativen

Bei den Modalverben gibt es ein besonderes Problem: Sie besitzen nicht alle nötigen Formen. Ein Modalverb kann immer nur das erste Verb im Satz (Haupt- oder Nebensatz) sein und es kann nicht hinter **to** stehen:

We **can** bake the cookies.	*Wir können die Kekse backen.*

Aus diesem Grund ist der Gebrauch von Modalverben natürlich ziemlich eingeschränkt. Trotzdem kommt es vor, dass man die Bedeutung eines Modalverbs an einer problematischen Stelle ausdrücken möchte. Dafür gibt es verschiedene Alternativen, mit denen man Modalverben ersetzen kann:

Modalverb	Alternative	Übersetzung
can, could	be able to	*können*
will, shall	be going to	*werden*
may	be allowed to	*dürfen*
must	have to	*müssen*
should	be supposed to	*sollen*

We have been able to bake the cookies.	*Wir konnten die Kekse backen.*
They hoped to be able to bake the cookies.	*Sie hofften, die Kekse backen zu können.*

Verneinte Formen

Formen mit der verkürzten Version von **not** gibt es auch bei den Modalverben. Im Allgemeinen hängt man **n't** wie bei **have** und **do** an das Ende des Modalverbs an. In einigen Fällen muss man jedoch eine besondere Form verwenden:

can	+	n't	=	can't
will	+	n't	=	won't
shall	+	n't	=	shan't

> **!** Man beachte, dass **won't** manchmal die Bedeutung *will nicht* (im Sinne einer Verweigerung) haben kann:
> **The gardener won't rake the leaves.** — *Der Gärtner will das Laub nicht zusammenrechen.*
> **The car won't start.** — *Das Auto will nicht anspringen.*
>
> Parallel dazu bedeutet **wouldn't** manchmal *wollte nicht*:
> **The gardener wouldn't rake the leaves.** — *Der Gärtner wollte das Laub nicht zusammenrechen.*
> **The car wouldn't start.** — *Das Auto wollte nicht anspringen.*

Gebrauch im Satz

Modalverben unterscheiden sich von anderen Verben darin, dass ihre Form sich bei einem **he/she/it**-Subjekt nicht verändert. Man hängt also kein **-s** in der dritten Person Singular am Ende des Verbs an:

I can go.	*Ich kann hingehen.*
She can go.	*Sie kann hingehen.*

Zudem kommen Modalverben an denselben Stellen im Satz vor wie andere Hilfsverben. Das Modalverb verlangt, dass das folgende Verb im Infinitiv steht:

James can meet you at the airport. **James can't meet you at the airport.**	*James kann dich vom Flughafen abholen.* *James kann dich nicht vom Flughafen abholen.*
Should Cathy take her car? **No, she shouldn't.**	*Soll Cathy mit ihrem Auto kommen?* *Nein, das soll sie nicht.*
They'll just do it again, won't they?	*Sie werden es einfach wieder tun, oder?*

> **!** Das Verb **ought (to)** bedeutet ungefähr das gleiche wie **should**. Im Gegensatz zu den Modalverben folgt aber immer ein Infinitiv mit **to**:
>
> | | |
> |---|---|
> | **You ought to bathe sometimes.** | *Du solltest dich ab und zu baden.* |

Sonderfunktionen der Modalverben

Oft setzt man Modalverben ein, um klarzustellen, dass es sich bei einer Äußerung um eine Vermutung handelt. Die Wahl des Modalverbs zeigt dabei die Wahrscheinlichkeit der Aussage an.

May und **might** können eine Möglichkeit ausdrücken. Dabei ist **may** ein bisschen sicherer oder wahrscheinlicher als **might**:

Ms. Young may know. **Ms. Young might know.**	*Frau Young könnte es wissen.* *Frau Young könnte es vielleicht wissen.*

In **should** steckt die Annahme, dass ein Zustand existieren müsste oder sollte:

Ms. Young should know. **Walter should be feeding the cat now.**	*Frau Young sollte es wissen.* *Walter müsste jetzt die Katze füttern.*

Must ist stärker als **should** und drückt entweder eine starke Verpflichtung aus, oder die Annahme, dass etwas der Fall sein muss (z.B. aufgrund von sichtbaren Beweisen):

Ms. Young must know. **The thief must have forgotten the money. There's still some of it lying on the floor.**	*Frau Young muss es erfahren!* *Der Dieb muss das Geld vergessen haben. Da liegt immer noch etwas auf dem Fussboden.*

Bei Verbketten, die aus einem Modalverb gefolgt von einer Perfektform bestehen, gibt es zwei Bedeutungsklassen. Die Bedeutung hängt dabei immer vom Modalverb ab. Vergleichen Sie dazu die folgenden Sätze:

Vermutung

They **will have** paid the conman.	*Sie werden den Schwindler bezahlt haben.*
They **may have** paid the conman.	*Sie könnten den Schwindler bezahlt haben.*
They **might have** paid the conman.	*Sie können den Schwindler vielleicht bezahlt haben.*
They **must have** paid the conman.	*Sie müssen den Schwindler bezahlt haben.*
They **can't have** paid the conman.	*Sie können den Schwindler nicht bezahlt haben.*

Unwirkliches in der Vergangenheit

They **would have** paid the conman.	*Sie hätten den Schwindler bezahlt.*
They **could have** paid the conman.	*Sie hätten den Schwindler bezahlen können.*
They **should have** paid the conman.	*Sie hätten den Schwindler bezahlen sollen.*
They **might have** paid the conman.	*Sie hätten den Schwindler doch bezahlen können.*

Höflichkeitsformen

Would und **could** gelten in bittenden Fragen als besonders höflich:

Would you please close the door?	*Würden Sie bitte die Türe schließen?*
Could you bring me one, too?	*Könntest du mir auch eins bringen?*

Leicht gemerkt!

Merken Sie sich die folgenden grammatikalischen Besonderheiten bei Modalverben:

* Im Gegensatz zu den Vollverben fehlt bei den Modalverben die Endung **-s** in der dritten Person Singular, sie sind also unveränderlich:

He can play tennis.	*Er kann Tennis spielen.*
She may be at home.	*Sie könnte zuhause sein.*
It might rain tomorrow.	*Morgen könnte es regnen.*

- Modalverben besitzen im Gegensatz zu den Vollverben nur eine Form, das heißt sie haben keine **ing**-Form und kein Past Participle.
- Verneinte Aussagesätze und Fragen, in denen ein Modalverb auftritt, werden ohne das Hilfsverb **do** gebildet:

He can't play tennis.	*Er kann kein Tennis spielen.*
May I play with Jill?	*Darf ich mit Jill spielen?*

- Nach einem Modalverb folgt immer ein Vollverb im Infinitiv ohne **to**:

You can go home now.	*Du kannst jetzt nach Hause gehen.*
I should work a lot more.	*Ich sollte viel mehr arbeiten.*

Besondere Verben

Be

Formen

Simple Present		Simple Past	
I am	*ich bin*	I was	*ich war*
you are	*du bist*	you were	*du warst*
he/she/it is	*er/sie/es ist*	he/she/it was	*er/sie/es war*
we are	*wir sind*	we were	*wir waren*
you are	*ihr seid*	you were	*ihr wart*
they are	*sie sind*	they were	*sie waren*

In der gesprochenen Sprache verwendet man auch oft die folgenden Kurzformen:

I am	▷	I'm
she is	▷	she's
you are	▷	you're
they are	▷	they're

I'm here – under the table!	*Ich bin hier – unter dem Tisch!*
She's nice.	*Sie ist nett.*
You're not alone.	*Du bist nicht allein.*

Anwendung

Be kann auch als Vollverb eingesetzt werden. Dann verbindet es das Subjekt mit einem anderen Satzteil:

John is in the kitchen.	*John ist in der Küche.*
Such problems are normal.	*Solche Probleme sind normal.*
Susan is an excellent ice hockey player.	*Susan ist eine ausgezeichnete Eishockeyspielerin.*

Im Normalfall muss ein Vollverb in gewissen Situationen, wie z.B. bei der Verneinung oder bei **Yes-No-Questions** von einem Hilfsverb begleitet werden. Bei **be** ist es anders – auch als Vollverb verhält sich **be** wie ein Hilfsverb: Es steht vor **not**, leitet Fragen ein und taucht in Kurzantworten und Frageanhängseln auf:

Verneinung	
John isn't in the kitchen.	*John ist nicht in der Küche.*
Ja-Nein-Frage	
Is John in the kitchen?	*Ist John in der Küche?*

Kurzantworten	
Yes, he is.	*Ja, ist er.*
No, he isn't.	*Nein, ist er nicht.*
Frageanhängsel	
John is in the kitchen, isn't he?	*John ist in der Küche, oder?*

Be wird als Hilfsverb im Passiv und in der Verlaufsform benutzt:

Food is prepared here.	*Hier wird Essen zubereitet.*
Frank was reading.	*Frank las gerade.*

There is/There are

There is (Singular) und **there are** (Plural) drücken meist Existenz, Anwesenheit oder Erscheinen aus:

There is a squirrel in the garden.	*Ein Eichhörnchen ist im Garten.*
There are squirrels in the garden.	*Ein paar Eichhörnchen sind im Garten.*
There are twelve months in a year.	*Das Jahr hat zwölf Monate.*

Die Konstruktionen **there is** und **there are** werden in Verbindung mit unbestimmten Dingen benutzt. Das bedeutet, dass man in der Regel keine bestimmten Artikel, Demonstrativpronomen oder Eigennamen nach **there is** und **there are** verwendet. Man sagt also:

There was a stranger at the party.   *Da war ein Fremder auf dem Fest.*

Die folgenden Sätze sind dagegen nicht möglich:
* **There is** the butter on the table.
* **There are** these shoes in the wardrobe.
* **There was** Maggie at the party.

Auch bei Aufzählungen benutzt man oft **there is** oder **there are**:

Frage	
What chores do you still have to do?	*Was musst du noch an Hausarbeit machen?*
Antwort	
Well, there's the washing and the ironing. Then there are the dishes.	*Also, da wäre das Waschen und Bügeln. Dann muss ich auch noch abspülen.*

Have und have got

Formen

Simple Present	
I have (got)	*ich habe*
you have (got)	*du hast*
he/she/it has (got)	*er/sie/es hat*
we have (got)	*wir haben*
you have (got)	*ihr habt*
they have (got)	*sie haben*

Anwendung

Have kann wie das Verb **be** ebenfalls als Vollverb verwendet werden. Oft bedeutet **have** *haben* im Sinne von *besitzen, bei sich haben*, usw.:

The Smiths have a yellow car.   *Die Smiths haben ein gelbes Auto.*

In dieser Bedeutung ist **have got** eine Alternative zu **have**:
The Smiths have got a yellow car. *Die Smiths haben ein gelbes Auto.*

Im Amerikanischen gilt **have got** als umgangssprachlich und wird in formellen Situationen nicht verwendet.

Have mit und ohne Hilfsverb

Beim Gebrauch von **have** sind vor allem diejenigen Situationen tückisch, in denen ein Hilfsverb benötigt wird, so zum Beispiel bei der Verneinung und bei der Bildung von Fragen. Selbst englische Muttersprachler sind sich nicht einig, ob man nun bei der Verneinung oder bei Fragen in Verbindung mit **have** ein Hilfsverb einsetzt oder nicht!
Hier eine Reihe von Lösungsmöglichkeiten zu diesem Problem:

Strategie 1: **Have** wird wie ein Hilfsverb gebraucht.

They haven't a bicycle.	*Sie haben kein Fahrrad.*
Have you a car?	*Hast du ein Auto?*

Obwohl diese Strategie wahrscheinlich am einfachsten ist, bringt sie gewisse Probleme mit sich: Erstens wird sie im Amerikanischen nur noch in einigen alten Ausdrücken überhaupt verwendet und kommt den Leuten oft fremd vor. Zweitens kommt sie in Großbritannien auch aus der Mode. Dort wird sie hauptsächlich von älteren Leuten benutzt.

Strategie 2: **Have** wird wie ein Vollverb gebraucht.

Dies ist die gängige Strategie im Amerikanischen. Sie hat zur Folge, dass man **do** einsetzt, wenn ein Hilfsverb gebraucht wird:

They don't have a bicycle.	*Sie haben kein Fahrrad.*
Do you have a car?	*Hast du ein Auto?*

Strategie 3: **Have** wird durch **have got** ersetzt.

They haven't got a bicycle.	*Sie haben kein Fahrrad.*
Have you got a car?	*Hast du ein Auto?*

Diese Strategie stellt die moderne Lösung in Großbritannien dar. Sie hat den Vorteil, dass man sie in der Umgangssprache überall anwenden kann. Im Amerikanischen gehört sie zum lockeren Sprachgebrauch. In der Standardsprache verwendet man dagegen Strategie 2.

Weitere Bedeutungen von *have*

Have wird auch in anderen Zusammenhängen und festen Wendungen benutzt, die man am besten auswendig lernt:

We have breakfast at 8:00.   *Wir frühstücken um 8.00.*
I had a cup of coffee.   *Ich habe eine Tasse Kaffee getrunken.*
Lisa is having a baby.   *Lisa bekommt ein Kind.*
Keith had a smoke.   *Keith rauchte eine.*

Bei den obigen Beispielen muss man Strategie 2 anwenden:

Did they have breakfast with you?   *Haben sie mit euch gefrühstückt?*
I didn't have a cup of coffee.   *Ich habe keine Tasse Kaffee getrunken.*
Keith didn't have a smoke.   *Keith hat nicht geraucht.*

Do

Formen

Simple Present	
I do	*ich mache*
you do	*du machst*
he/she/it does	*er/sie/es macht*
we do	*wir machen*
you do	*ihr macht*
they do	*sie machen*

Anwendung

Do ist nicht nur das Spezialhilfsverb, das bei den Vollverben aushilft, sondern wird auch selbst als Vollverb eingesetzt:

The children did their homework.	*Die Kinder machten ihre Hausaufgaben.*
What are you doing?	*Was machst du?*

Bei Fragen und Verneinungen, in denen **do** als Vollverb auftritt, muss man zusätzlich noch das Hilfsverb **do** einsetzen. Deshalb kann das Verb **do** in solchen Sätzen also zweimal vorkommen:

The children didn't do their homework.	*Die Kinder haben ihre Hausaufgaben nicht gemacht.*
What did you do?	*Was hast du gemacht?*

Get

Get ist ein meist umgangssprachliches Verb mit der Grundbedeutung *bekommen*:

I **got** a watch for my birthday.	*Ich habe eine Uhr zum Geburtstag bekommen.*
We finally **got** the door open.	*Endlich haben wir die Tür aufbekommen.*
I couldn't **get** the cat down from the tree.	*Ich bekam die Katze nicht vom Baum herunter.*

Get kann aber auch *werden* bedeuten:

We **were getting** tired.	*Wir wurden allmählich müde.*
It **gets** hot here in summer.	*Es wird hier im Sommer heiß.*
Tony **got** hit by a car.	*Tony wurde von einem Auto angefahren.*

Be used to und *get used to*

Der Ausdruck **be used to** bedeutet *etwas gewöhnt sein*. Dabei hebt das Verb **be** den Zustand des Gewöhntseins hervor:

She'**s used to** the noise.	*Sie ist den Lärm gewöhnt.*
Ms. Thompson **is used to** teaching large classes.	*Frau Thompson ist es gewöhnt, große Klassen zu unterrichten.*

Get used to hingegen bedeutet *sich an (etwas) gewöhnen*:

She **got used to** the noise quickly.	*Sie gewöhnte sich schnell an den Lärm.*
I can't **get used to** English pronunciation.	*Ich kann mich an die englische Aussprache nicht gewöhnen.*
Ms. Thompson **is getting used to** teaching large classes.	*Frau Thompson gewöhnt sich daran, große Klassen zu unterrichten.*

Leicht gemerkt!

Die Hilfsverben *be, have* und *do*

Die Hilfsverben **be, have** und **do** sollten Sie sich gut einprägen, denn sie werden sehr häufig gebraucht.

Be

Man benötigt das Hilfsverb **be** zur Bildung von **Progressive**-Formen und beim **Passiv**:

Present Progressive	I am doing the dishes.	*Ich spüle gerade ab.*
Present Perfect Progressive	He has been playing football.	*Er hat gerade Fußball gespielt.*
Past Progressive	She was watching TV.	*Sie sah gerade fern.*
Past Perfect Progressive	They had been walking for hours.	*Sie waren gerade stundenlang gelaufen.*
Future I Progressive	Tim will be joining us soon.	*Tim wird bald bei uns sein.*
Future II Progressive	They will have been eating.	*Sie werden gerade gegessen haben.*
Passiv	Football is played with two teams.	*Fußball wird mit zwei Mannschaften gespielt.*

Have

Das Hilfsverb **have** wird zur Bildung von **Perfect**-Formen benötigt:

Present Perfect	Have you eaten?	*Hast du schon gegessen?*
Present Perfect Progressive	He has been playing football.	*Er hat gerade Fußball gespielt.*
Past Perfect	They had talked a lot.	*Sie hatten viel miteinander gesprochen.*
Past Perfect Progressive	They had been walking for hours.	*Sie waren gerade stundenlang gelaufen.*
Future II	He will have called her already.	*Er wird sie bereits angerufen haben.*
Future II Progressive	They will have been eating.	*Sie werden gerade gegessen haben.*
Conditional Past	I would have told him.	*Ich hätte es ihm gesagt.*

Do

Man benutzt das Hilfsverb **do** in Verbindung mit Vollverben für die **Verneinung** von Aussagesätzen und bei der Bildung von **Fragen**. Beachten Sie dabei, dass das Vollverb im Infinitiv und **do** in der konjugierten Zeitform steht:

Verneinung	Peter doesn't drink alcohol.	*Peter trinkt keinen Alkohol.*
Frage	Did you watch that film?	*Hast du den Film gesehen?*

2 | Prepositions – *Präpositionen*

Zeitangaben

Uhrzeiten gibt man im Englischen mit der Präposition **at** an:

I'll be home at seven. We had lunch at noon.	*Ich bin um sieben Uhr zu Hause.* *Wir aßen um zwölf zu Mittag.*

Morning, afternoon und **evening** verlangen die Präposition **in** und den bestimmten Artikel **the**:

Stretch before you get up in the morning. The children always play in the afternoon. In the evening we went out.	*Strecken Sie sich, bevor Sie morgens aufstehen.* *Nachmittags spielen die Kinder immer.* *Am Abend gingen wir aus.*

Night verlangt meist die Präposition **at** und tritt dann ohne Artikel auf:

Owls hunt at night. My friend Steve, a catburglar, works at night.	*Eulen gehen nachts auf die Jagd.* *Mein Freund Steve, ein Fassaden-kletterer, arbeitet nachts.*

▶◀ Vorsicht, denn der *Abend* wird auch sehr häufig als **night** bezeichnet:

What did you do last night? When I get home at night, I make dinner.	*Was habt ihr gestern Abend gemacht?* *Wenn ich abends nach Hause komme, mache ich das Abendessen.*

Wochentage werden oft mit **on** angegeben:

I have an appointment on Wednesday. Most museums are closed on Mondays.	*Ich habe am Mittwoch einen Termin.* *Die meisten Museen sind montags geschlossen.*

Man kann **on** in der gesprochenen Sprache auch weglassen:

I have an appointment Wednesday.	*Ich habe am Mittwoch einen Termin.*
Most museums are closed Mondays.	*Die meisten Museen haben montags zu.*

In Großbritannien sagt man **at the weekend**, in Nordamerika stattdessen **on the weekend**.

Bei einzelnen Feiertagen benutzt man normalerweise die Präposition **on**:

We get half the day off on Christmas Eve.	*Heiligabend bekommen wir den halben Tag frei.*
Many people go to church at sunrise on Easter.	*An Ostern gehen viele Leute bei Sonnenaufgang in die Kirche.*

At oder **over** weisen nicht nur auf den Feiertag hin, sondern auch auf die Zeit um den Feiertag herum:

I saw my aunt and uncle at Christmas.	*Ich habe meine Tante und meinen Onkel an Weihnachten gesehen.*
I'm flying home over Easter.	*Ich fliege über Ostern nach Hause.*

Monate und Jahreszeiten werden mit **in** angegeben:

It happened in July.	*Es ist im Juli passiert.*
The neighbours barbecued every day in August.	*Im August grillten die Nachbarn jeden Tag.*
In winter we need to heat the house.	*Im Winter müssen wir das Haus heizen.*

Man braucht **in** auch immer bei Jahreszahlen:

In 1492 Columbus discovered America.	*1492 entdeckte Columbus Amerika.*
Sales figures fell in 1996.	*Die Verkaufszahlen sind 1996 gefallen.*

Während

In der Regel wird *während* mit **during** übersetzt:

I fell asleep during the opera.	*Ich bin während der Oper eingeschlafen.*
She arrived during the winter.	*Sie kam im Laufe des Winters an.*

Die Präposition **throughout** bedeutet meist *während des/der ganzen ... :*

The postal service is very busy throughout the Christmas season.	*Die Post hat während der ganzen Weihnachtszeit sehr viel zu tun.*

Setzt man vor die Substantive **day, night, month** oder **year** das Wörtchen **all**, so erhält man – ganz ohne Präposition – eine ähnliche Bedeutung:

The cats sang outside my window all night. **Evergreens stay green all year**.	*Die Katzen haben die ganze Nacht vor meinem Fenster miaut.* *Immergrüne Pflanzen bleiben das ganze Jahr über grün.*

For gibt an, wie lange ein Ereignis dauert:

Nigel and Joo didn't talk to each other for a year. **They worked for five more hours**.	*Nigel und Joo sprachen ein Jahr lang nicht miteinander.* *Sie arbeiteten fünf weitere Stunden.*

Das deutsche Wort *vor* hat zwei verschiedene Übersetzungen. Wenn sich *vor* auf einen Zeitpunkt bezieht, übersetzt man es mit **before**:

Before the flood we lived in the valley. **We had to get up before daybreak**.	*Vor der Überflutung lebten wir im Tal.* *Wir mussten vor Tagesanbruch aufstehen.*

Steht *vor* stattdessen in Verbindung mit einer Zeitspanne, so benutzt man im Englischen keine Präposition, sondern man setzt hinter dem betreffenden Zeitraum das Wörtchen **ago** ein:

We met six years ago. **Three days ago my car broke down**.	*Wir haben uns vor sechs Jahren kennen gelernt.* *Vor drei Tagen ist mein Auto kaputtgegangen.*

Ortsangaben

Die wichtigsten Präpositionen in Verbindung mit Ortsangaben sind **in** und **on**:

We stayed in New York.	*Wir wohnten in New York.*
There's a frog on my desk.	*Auf meinem Schreibtisch ist ein Frosch.*

Achten Sie besonders auf den Unterschied zwischen **on** *(auf)* und **at** *(an)*:

We all sat down on the table.	*Wir setzten uns alle auf den Tisch.*
Wouldn't it be better to sit at the table?	*Wäre es nicht besser, sich an den Tisch zu setzen?*

An den obigen Beispielsätzen sieht man, dass Phrasen wie **sit down, lie down, set down, lay down** nicht immer zu den jeweiligen Präpositionen passen. Man lernt daher solche Phrasen und ihre einzelnen Zusammensetzungen am besten auswendig.

Um beispielsweise die Anwesenheit in Geschäften, bestimmten Gebäuden oder auch bei Veranstaltungen auszudrücken, benutzt man ebenfalls die Präposition **at**:

I ran into Ralph at the pharmacy.	*Ich traf Ralph in der Apotheke.*
The adults are at the circus, but the children are at the museum.	*Die Erwachsenen sind im Zirkus, aber die Kinder sind im Museum.*
Who was at the party?	*Wer war alles auf der Party?*

Problemfälle

Der Ausdruck **at home** heißt immer *zu Hause*:

I often stay at home.	*Ich bleibe oft zu Hause.*

Bei einer Ortsangabe bedeutet **by** nicht *bei*, sondern *ganz in der Nähe von*:

Vera lives by Jonathan.	*Vera wohnt ganz in der Nähe von Jonathan.*
Vera lives at Jonathan's.	*Vera wohnt bei Jonathan.*

In der Nähe von heißt auf Englisch oft auch einfach **near**:

Newark is near New York City. There's a telephone booth near the church.	*Newark liegt in der Nähe von New York. In der Nähe der Kirche ist eine Telefonzelle.*

Richtungsangaben und andere Bedeutungen

Into (*in/hinein*) und **onto** (*auf*) beziehen sich auf die räumliche oder zeitliche Richtung oder Orientierung eines Geschehens. Im Gegensatz zu **on** oder **in** steht hier das jeweilige Verb bzw. das Geschehen im Mittelpunkt.

The rabbit jumped into a hole. Jeff got into trouble. Bonzo fell onto my foot.	*Das Kaninchen ist in ein Loch gesprungen. Jeff geriet in Schwierigkeiten. Bonzo fiel mir auf den Fuß.*

Manchmal kann man aber auch **into** und **onto** mit **in** und **on** ersetzen:

We got into/in the car. She put chocolate in/into the cake. The ball rolled onto/on the street.	*Wir sind ins Auto gestiegen. Sie hat Schokolade in den Kuchen getan. Der Ball rollte auf die Straße.*

To deutet an, dass sich etwas nicht nur in eine Richtung bewegt, sondern auch am Zielort ankommt:

We went to the supermarket.	*Wir sind zum Supermarkt gegangen.*
Let's go to Switzerland!	*Fahren wir in die Schweiz!*

Man verwendet **to** auch häufig anstelle des Wemfalles (Dativ):

The librarian showed the visitor the books.	*Die Bibliothekarin zeigte dem Besucher die Bücher.*
▶ **The librarian showed the books to the visitor.**	*Die Bibliothekarin zeigte dem Besucher die Bücher.*
She explained the problem to me.	*Sie erklärte mir das Problem.*
They recommended a cheap restaurant to me.	*Sie haben mir ein billiges Restaurant empfohlen.*

Der Ausdruck **go to (someone)** bedeutet, dass man auf eine Person selbst zugeht, und nicht zu deren Wohnung oder Ähnlichem:

I went to Mary and told her the story.	*Ich ging zu Mary und erzählte ihr die Geschichte.*

From sagt uns, woher jemand oder etwas kommt:

Kyle is from Athens, Georgia.	*Kyle stammt aus Athens in Georgia.*
We drove from the bank to the restaurant next door.	*Wir sind mit dem Auto von der Bank zum Restaurant nebenan gefahren.*

Man verwendet **from** aber auch bei Entfernungen:

Oakville is five miles from here.	*Oakville liegt fünf Meilen von hier entfernt.*
It's four inches from the doorframe to the wall.	*Vom Türrahmen zur Wand sind es etwa zehn Zentimeter.*

Die Präposition **of** wird im Englischen auf unterschiedliche Art und Weise gebraucht. Besonders in der Schriftsprache verwendet man anstelle des Besitzfalles (Possessive) häufig **of**, um einen Besitzer oder Verursacher an ein anderes Substantiv anzuschließen:

Possessive	
The funny young man's favourite aunt	*Die Lieblingstante des komischen jungen Mannes*
Tom's advice	*Toms Rat*
Of-Phrase	
The favourite aunt of the man wearing a silk suit	*Die Lieblingstante des Mannes im Seidenanzug*
The advice of a stranger	*Der Rat eines Fremden*

Of kann auch Zugehörigkeit oder eine Zuordnung ausdrücken:

An association of scientists was having a meeting.	*Eine Gruppe Wissenschaftler tagte gerade.*
The man was standing naked on the roof of the house.	*Der Mann stand nackt auf dem Dach des Hauses.*

Auch in Verbindung mit Mengen- und Inhaltsangaben benutzt man die Präposition **of**:

a pinch of salt	*eine Prise Salz*
a box of matches	*eine Schachtel Streichhölzer*
a glass of water	*ein Glas Wasser*
I ate a bowl of soup, a slice of bread, and a can of beans, and drank two big glasses of grape juice.	*Ich aß einen Teller Suppe, eine Scheibe Brot und eine Dose Bohnen und trank zwei große Gläser Traubensaft.*

Das Wort **pair** (**of**) bezieht sich immer auf zwei Gegenstände oder Leute:

Rene bought a pair of socks.	*Rene kaufte ein Paar Socken.*
They made a pretty pair.	*Sie waren ein hübsches Pärchen.*

Häufig markiert **of** eine zu einem bestimmten Substantiv zugehörige Phrase:

The delay of the flight worried the passengers.	*Die Verspätung des Fluges beunruhigte die Passagiere.*
The classification of bats is a difficult business.	*Die Klassifizierung von Fledermäusen ist ein schwieriges Unterfangen.*
The baking of cookies leads to overeating.	*Das Plätzchenbacken führt dazu, dass man zu viel isst.*

Of gibt auch die Todesursache an:

My grandmother died of old age.	*Meine Großmutter ist an Altersschwäche gestorben.*
Timothy Toast almost died of overeating.	*Timothy Toast starb fast an zuviel Essen.*

By drückt aus, von wem oder was etwas gemacht worden ist:

I'm reading an exciting book by Sara Paretsky.	*Ich lese gerade ein spannendes Buch von Sara Paretsky.*
Who's the article by?	*Von wem ist der Artikel?*

Komplexe Präpositionen

Einige wenige Präpositionen bestehen aus zwei oder mehr Wörtern:

because of	*aufgrund, wegen*
in spite of	*trotz*
instead of	*(an)statt*
out of	*aus*
from under	*von unter*
in front of	*vor (räumlich)*

The game was cancelled because of the snowstorm.	*Das Spiel wurde wegen des Schneesturms abgesagt.*
In spite of their promise, they behaved badly.	*Trotz ihres Versprechens haben sie sich schlecht benommen.*
She went swimming instead of cleaning the bathroom.	*Sie ging schwimmen, anstatt das Bad zu putzen.*

Clint came **out of** the bathroom half dressed.	*Clint kam halb angezogen aus dem Bad.*
Betsy crawled out **from under** the bed.	*Betsy kam unter dem Bett hervorgekrochen.*
There's a garden **in front of** the house.	*Vor dem Haus befindet sich ein Garten.*

Leicht gemerkt!

Die Präpositionen im Englischen merkt man sich am besten immer an einem konkreten Beispiel. Verzweifeln Sie nicht, wenn Sie die englischen Präpositionen nicht gleich auf Anhieb richtig verwenden – man wird Sie in der Regel trotzdem verstehen. Hier sehen Sie noch einmal eine Auswahl wichtiger Präpositionen, geordnet nach Zeit-, Orts- und Richtungsangaben:

Zeitangaben

at six o'clock/**at** night	*um 6 Uhr/abends*
in the morning/**in** June/**in** 2007	*morgens/im Juni/(im Jahr) 2007*
on Wednesday	*am Mittwoch*
during the presentation	*während der Präsentation*
for three months	*seit drei Monaten*
since October	*seit Oktober*

Ortsangaben

in London/**in** France	*in London/in Frankreich*
at the table/**at** the zoo/**at** home	*am Tisch/im Zoo/zu Hause*
on the bookshelf	*auf dem Bücherregal*
by the door	*neben der Tür*
under the bed/**over** the sofa	*unter dem Bett/über dem Sofa*
opposite the museum	*gegenüber dem Museum*

Richtungsangaben

into the pond/**onto** the floor	*in den Teich/auf den Boden*
to the cinema/**to** Germany/**to** Paris	*ins Kino/nach Deutschland/nach Paris*
from Scotland	*aus Schottland*
up the hill/**down** the hill	*den Berg hinauf/den Berg hinunter*
through the wall	*durch die Wand*
along the road	*die Straße entlang*

Wie Sie sehen, können manche Präpositionen (wie z.B. **at, in, on**) in unterschiedlichen Zusammenhängen benutzt werden, also für Zeitangaben, Ortsangaben oder auch in anderen Kontexten.

Schreiben Sie doch einmal einige Präpositionen auf einzelne kleine Kärtchen und eine Reihe von unterschiedlichen Substantiven auf weitere Kärtchen. Versuchen Sie dann, jeweils eine Präposition mit einem Substantiv zu kombinieren und überlegen Sie sich anschließend, ob die jeweilige Kombination möglich ist und wenn ja, was sie bedeutet. So bekommen Sie ein besseres Gefühl für die richtige Verwendung der Präpositionen im Englischen.

3 | Phrasal Verbs

Allgemeines

Kombinationen aus einem Verb und einem zusätzlichen Element bezeichnet man als Phrasal Verbs. Das zusätzliche Element, das ein Verb zu einem Phrasal Verb macht und so die Bedeutung des Verbs verändert, kann dabei entweder eine Präposition oder eine Partikel sein. Man unterscheidet Präpositionen und Partikeln dadurch, dass nach einer Präposition im Satz immer ein Objekt stehen muss. Partikeln können zwar auch im Satz mit einem Objekt auftreten, jedoch muss das Objekt in diesem Fall nicht nach der Partikel stehen.

Ob ein Wort also eine Präposition oder eine Partikel ist, lässt sich an dessen Verschiebbarkeit im Satz feststellen: Muss das Wort vor dem Objekt stehen, so handelt es sich um eine Präposition. Kann es jedoch entweder vor oder nach dem Objekt im Satz stehen, so haben wir es mit einer Partikel zu tun.

Hier jeweils ein Beispiel für ein Phrasal Verb mit Präposition und eines mit Partikel:

Präposition	
The woman walked down the street.	*Die Frau ging die Straße entlang.*
Partikel	
The woman looked up the telephone number. The woman looked the telephone number up.	*Die Frau schlug die Telefonnummer nach.*

Für Phrasal Verbs ergeben sich also die folgenden Kombinationsmöglichkeiten:

Verb	+	Partikel				
Verb	+	Partikel	+	Objekt		
Verb	+	Präposition	+	Objekt		
Verb	+	Partikel	+	Präposition	+	Objekt

Kombinationsmöglichkeiten

Beispiele für Verb + Partikel

come along	*mitkommen*
get up	*aufstehen*
go along	*mitgehen*
go away	*weggehen*
grow up	*aufwachsen, erwachsen werden*
make up	*sich versöhnen*
run away	*weglaufen*
sit down	*sich hinsetzen*
take off	*abheben, abfliegen, sich davonmachen*
wake up	*aufwachen*

Bei den oben angegebenen Kombinationen steht die Partikel unmittelbar nach dem Verb:

I have to get up so early every morning!	*Ich muss jeden Morgen so früh aufstehen!*
The others wanted to go to the party without me, but I went along anyway.	*Die anderen wollten ohne mich auf die Party, aber ich bin trotzdem mitgegangen.*
The unhappy teenager ran away from home.	*Der unglückliche Teenager ist von zu Hause weggelaufen.*

Beispiele für Verb + Partikel + Objekt

bring along	*mitbringen*
bring back	*zurückbringen*
call off	*absagen*
call up	*anrufen* (US)
let in	*hereinlassen*
look up	*nachschlagen*
make up	*schminken; (Geschichte) erfinden*
pick up	*abholen, aufheben; sich aneignen*
put on	*anziehen*
ring up	*anrufen* (UK)
run over	*überfahren*
stand up	*versetzen, sitzen lassen*
take along	*mitnehmen*
take off	*ausziehen*
turn down	*kleiner oder leiser stellen*
turn off	*ausschalten*
turn on	*einschalten*

Bei dieser Kombination kann das Objekt entweder ein Nomen oder ein Pronomen sein. Ist das Objekt ein Nomen, so kann die Partikel im Satz entweder vor oder nach dem Nomen stehen. Handelt es sich bei dem Objekt jedoch um ein Pronomen, so muss die Partikel immer nach dem Pronomen stehen.

Judith stood up Mel.	*Judith hat Mel sitzen lassen.*
Judith stood Mel up.	*Judith hat Mel sitzen lassen.*
Judith stood him up.	*Judith hat ihn sitzen lassen.*

Beachten Sie außerdem, dass die Kombination aus dem Verb, der Partikel und dem Objekt im Satz vor anderen Elementen steht, wie zum Beispiel Adverbien, Zeitangaben und Ortsangaben. Hier noch ein paar weitere Beispiele:

Casey called us up last night.	*Casey hat uns gestern Abend angerufen.*
Lenny made that story up.	*Lenny hat diese Geschichte erfunden.*
When they called off the wedding, the make-up artist was already making up the bride.	*Als sie die Hochzeit absagten, war die Visagistin schon dabei, die Braut zu schminken.*

Beispiele für Verb + Präposition + Objekt

call for	*rufen nach; fordern; abholen*
care for	*pflegen*
do without	*auskommen ohne*
listen to	*zuhören; hören auf*
look after	*hüten; sich kümmern um*
look at	*anschauen*
look for	*suchen*
run after	*hinterherlaufen*
run across	*stoßen auf*
run into	*zufällig treffen; rennen/fahren gegen*

Wie bereits erwähnt, steht die Präposition bei dieser Kombination immer vor dem Objekt. Dieses kann dabei ein Nomen oder aber auch ein Pronomen sein:

You never listen to me!	*Du hörst mir nie zu!*
I can't possibly do without my waffle iron.	*Ich kann unmöglich ohne mein Waffeleisen auskommen.*
I was looking for a job and ran across an unusual advertisement.	*Ich habe nach einer Stelle gesucht und bin dabei auf eine ungewöhnliche Anzeige gestoßen.*

Die Präposition und das Objekt stehen dabei wiederum vor anderen Satzteilen, wie zum Beispiel Zeit- oder Ortsangaben:

Could you look after my pets for a while?	*Könnten Sie eine Weile auf meine Haustiere aufpassen?*
A nurse cares for their sick child at their home.	*Eine Krankenschwester pflegt ihr krankes Kind bei ihnen zu Hause.*

Beispiele für Verb + Partikel + Präposition + Objekt

catch up with	*einholen*
do away with	*abschaffen; umbringen*
fall back on	*zurückgreifen auf*
get out of	*herumkommen um; herauskommen aus*
keep up with	*Schritt halten mit; mithalten mit*
look down on	*herabsehen auf*
look forward to	*sich freuen auf*
look out for	*achten auf; Ausschau halten nach*
put up with	*sich gefallen lassen*
rub off on	*abfärben auf*
run out of	*kein ... mehr haben*
watch out for	*achten auf*

Achten Sie bei dieser Kombination immer auf die richtige Wortfolge im Satz: Nach dem Verb kommt zunächst die Partikel, danach die Präposition, und erst darauf folgt das Objekt:

Watch out for pickpockets at the fair!	*Achtet auf Taschendiebe auf dem Jahrmarkt!*
His bad mood **rubbed off on** the others.	*Seine schlechte Laune färbte auf die anderen ab.*
We **ran out of** milk yesterday.	*Uns ist gestern die Milch ausgegangen.*
My boyfriend **is running out of** excuses.	*Meinem Freund gehen langsam die Ausreden aus.*
I promised to go, and now I can't **get out of** it.	*Ich habe versprochen hinzugehen, und jetzt komme ich nicht mehr drum herum.*
Audrey is always on the run; no one can **keep up with** her.	*Audrey ist ständig auf Achse, keiner kann mit ihr mithalten.*

Leicht gemerkt!

Da die englischen Phrasal Verbs meist eine andere Bedeutung haben als das jeweils zugrunde liegende „normale" Verb, ist es am besten, sich bestimmte Verben immer zusammen mit der jeweiligen Präposition oder Partikel zu merken.

Hier sehen Sie noch einmal die verschiedenen Kombinationsmöglichkeiten für Phrasal Verbs auf einen Blick:

- **Verb + Partikel**

Don't **look back** in anger!	*Blicke nicht zurück im Zorn!*

- **Verb + Partikel + Objekt**

Baby, **take off your shoes**!	*Baby, zieh' deine Schuhe aus!*

- **Verb + Präposition + Objekt**

Listen to your heart!	*Hör auf dein Herz!*

- **Verb + Partikel + Präposition + Objekt**

And now you can't **get out of** it!	*Und jetzt kommst du da nicht mehr heraus!*

Haben Sie die Liedtexte bzw. -zeilen in den Beispielen oben erkannt? Finden Sie noch weitere Texte von Liedern, die Ihnen gut gefallen und in denen Phrasal Verbs vorkommen, und versuchen Sie diese ins Deutsche zu übersetzen. So lernen Sie nicht nur die englischen Phrasal Verbs, sondern auch die Texte Ihrer Lieblingsmusik!

4 | Nouns – *Substantive*

Groß- und Kleinschreibung

Im Englischen werden die meisten Substantive oder Hauptwörter (Nouns) kleingeschrieben:

The boy bought a hamburger and a salad.	*Der Junge hat einen Hamburger und einen Salat gekauft.*

Eigennamen werden jedoch großgeschrieben:

In London, George and Marilyn went to see the Tate Gallery.	*In London haben George und Marilyn die Tate Gallery besucht.*

Wochentage und Monate, aber auch Nationalitäten, Sprachen, Religionen und Religionszugehörigkeiten gelten im Englischen ebenfalls als Eigennamen und werden deshalb auch großgeschrieben:

Mr. Firth normally comes on Mondays, but this Monday he wasn't there.	*Herr Firth kommt normalerweise montags, aber diesen Montag ist er nicht gekommen.*
It's nearly always cold in February.	*Im Februar ist es fast immer kalt.*
The Americans took pictures, while the New Zealanders talked.	*Die Amerikaner machten Fotos, während die Neuseeländer redeten.*
I speak English, German and Chinese.	*Ich spreche Englisch, Deutsch und Chinesisch.*
In this part of town, Jews, Christians and Muslims live together peacefully.	*In diesem Stadtviertel leben Juden, Christen und Muslime friedlich miteinander.*

The Plural – *die Mehrzahl*

Bei den meisten Substantiven bildet man den Plural im Englischen regelmäßig, durch Anhängen von **-s**:

The gardeners asked for pails,   *Die Gärtner baten um Eimer,*
shovels, and rakes.   *Schaufeln und Rechen.*

• Beachten Sie die richtige Aussprache: Endet ein Substantiv im Singular mit einem ungesprochenen **e**, so spricht man die Endung **es** im Plural als eigene Silbe [iz] aus:

prince (einsilbig)	**princes** (zweisilbig)	*Prinzen*
garage (zweisilbig)	**garages** (dreisilbig)	*Garagen*

• Bei Substantiven, die im Singular auf **Konsonant + -o** enden, hängt man im Plural **-es** an:

potato	**potatoes**	*Kartoffeln*
tomato	**tomatoes**	*Tomaten*

• Dieselbe Regel gilt für Substantive, die im Singular auf **-s, -ss, -ch, -sh, -x** oder **-z** enden. Achten Sie bei diesen Substantiven ebenfalls darauf, dass die Pluralendung als eigene Silbe [iz] gesprochen wird:

bus	**buses**	*Busse*
dress	**dresses**	*Kleider*
church	**churches**	*Kirchen*
bush	**bushes**	*Büsche*
box	**boxes**	*Schachteln*
quiz	**quizzes**	*Ratespiele*

Beachten Sie, dass sich bei den Substantiven auf **-z** der Konsonant im Plural verdoppelt. Endet ein Substantiv bereits im Singular auf **-zz**, so hängt man im Plural **-es** an.

• Bei Substantiven, die im Singular auf **Konsonant + -y** enden, wird das **y** im Plural meist zu **ie** vor der Pluralendung **-s**:

ferry	**ferries**	*Fähren*
nationality	**nationalities**	*Nationalitäten*

- Die meisten Substantive, die im Singular auf **-f** oder **-fe** enden, werden im Plural mit **-ves** gebildet:

wife	**wives**	*Ehefrauen*
wolf	**wolves**	*Wölfe*
thief	**thieves**	*Diebe*

Die folgenden Substantive bilden den Plural ebenso: **calf, half, knife, leaf, life, loaf, self** und **shelf**. Beachten Sie jedoch, dass der Plural von **roof, proof, chief** und **handkerchief** mit **-s** gebildet wird.

Darüber hinaus gibt es auch im Englischen eine Reihe von unregelmäßigen Pluralformen, die man am besten auswendig lernt. Hier einige Beispiele:

man	**men**	*Männer*
woman	**women**	*Frauen*
foot	**feet**	*Füße*
mouse	**mice**	*Mäuse*
tooth	**teeth**	*Zähne*
child	**children**	*Kinder*
phenomenon	**phenomena**	*Phänomene*

Possessive – *besitzanzeigende Form*

Die besitzanzeigende Form bildet man normalerweise durch Anhängen eines **Apostrophs + s ('s)**:

Cathy's mouse escaped.	*Cathys Maus ist entkommen.*
Bill's best **friend's** tennis racket broke.	*Der Tennisschläger von Bills bestem Freund ist kaputtgegangen.*

Steht das Substantiv im Plural, dann hängt man in der besitzanzeigenden Form nur den Apostroph an, da das Substantiv in diesem Fall meist bereits auf **-s** endet. Beachten Sie den Unterschied zwischen der normalen Pluralform und der besitzanzeigenden Form im Singular und im Plural: Hörbar ist dieser Unterschied nicht, man kann sich die richtige Bedeutung jedoch aus dem Satzzusammenhang erschließen.

The boys' tennis rackets broke.	*Die Tennisschläger der Jungen sind kaputtgegangen.*
The boy's tennis racket broke.	*Der Tennisschläger des Jungen ist kaputtgegangen.*

Bei Substantiven, die den Plural nicht auf **-s** bilden, benutzt man im Plural die besitzanzeigende Form mit **'s**:

The children's toys are in the way.	*Das Spielzeug der Kinder steht im Weg.*
Those deer's antlers grow quickly.	*Das Geweih dieser Rehe wächst schnell.*

Auch bei Eigennamen hängt man meist in der besitzanzeigenden Form nur den Apostroph an, wenn diese auf **-s** enden:

The Beatles' words always impressed their followers.	*Die Worte der Beatles beeindruckten ihre Anhänger immer.*

Besonderheiten

Die folgenden Strukturen könnten Ihnen etwas seltsam vorkommen, sie sind im Englischen aber durchaus häufig:

A friend of my mother's tap-danced at the wedding.	*Eine Freundin meiner Mutter steppte bei der Hochzeit.*
Two books of Helen's got lost.	*Zwei von Helens Büchern sind verloren gegangen.*

Oft benutzt man auch die Possessivform alleine, wenn man von der Wohnung der genannten Person spricht:

There was a wild party at Leo's last night.	*Bei Leo gab es gestern Abend eine wilde Party.*
We're going to the Millers' for a meeting.	*Wir gehen zu einer Besprechung zu den Millers.*
I'll be at my mother's.	*Ich werde bei meiner Mutter sein.*

Bei vielen Geschäften verwendet man ebenfalls die besitzanzeigende Form und hängt **'s** an den Namen des Inhabers:

I bought all my dishes at Jenner's.	*Ich habe mein ganzes Geschirr bei Jenner gekauft.*
After breakfast at Tiffany's, we went to Sotheby's.	*Nach dem Frühstück bei Tiffany sind wir zu Sotheby gegangen.*

Ebenso kann man sich mit der Berufsbezeichnung des Inhabers und der besitzanzeigenden Form auf Geschäfte oder z.B. auch auf Arztpraxen beziehen:

I spent the morning at the doctor's.	*Ich habe den Vormittag beim Arzt verbracht.*
I got this exotic orchid at the florist's.	*Ich habe diese exotische Orchidee vom Floristen.*

Auch zusammen mit bestimmten Zeitangaben benutzt man häufig die Possessivform:

It was in Tuesday's paper.	*Es war in der Zeitung vom Dienstag.*
The older generation is agreed that today's youth is lazy – and their parents said the same thing 30 years ago.	*Die ältere Generation ist sich darüber einig, dass die Jugend von heute faul sei – und ihre Eltern sagten vor 30 Jahren das gleiche.*

Zählbare und nicht zählbare Substantive

Bei den Substantiven unterscheidet man im Allgemeinen zwei Gruppen: zählbare und nicht zählbare Substantive. Zählbare Substantive können mit dem unbestimmten Artikel **a(n)** auftreten und bezeichnen Dinge, die man zählen kann:

I want a coconut.	*Ich möchte eine Kokosnuss.*
I want three coconuts.	*Ich möchte drei Kokosnüsse.*

Nicht zählbare Substantive hingegen bezeichnen Dinge, die als unbestimmte Mengen oder Massen aufgefasst werden. Sie stehen meist im Singular, jedoch kann man sie in der Regel nicht mit dem unbestimmten Artikel **a(n)** zusammen verwenden:

The milk always goes off.	*Die Milch wird immer schlecht.*
The wheat is being harvested.	*Der Weizen wird gerade geerntet.*
I'd like some jam.	*Ich hätte gern Marmelade.*

Manche nicht zählbare Substantive werden dennoch im Plural gebraucht, zum Beispiel wenn man von einer bestimmten Anzahl an Portionen oder von verschiedenen Sorten einer unbestimmten Menge spricht:

Two coffees and eight beers, please.	*Zwei Kaffee und acht Bier, bitte.*
They grow three different wheats here.	*Hier bauen sie drei verschiedene Weizensorten an.*
I've tried all the jams.	*Ich habe alle Marmeladensorten schon probiert.*

Die folgenden nicht zählbaren Substantive haben keine eigene Pluralform, man kann sie aber zusammen mit Mengenangaben wie **a lot of** *(viel(e), eine Menge)* benutzen:

His information was always unreliable.	*Die Informationen von ihm waren immer unzuverlässig.*
She has had a lot of experience.	*Sie hat schon eine Menge Erfahrung gesammelt.*
The room was full of furniture.	*Der Raum war voller Möbel.*

Auch das Wort **news** ist im Englischen ein nicht zählbares Substantiv. Es steht also immer im Singular, auch wenn es der Bedeutung nach Plural sein könnte:

All the news in the paper was good that day.	*An diesem Tag waren alle Nachrichten in der Zeitung gut.*
The good news is that we have a spare tire; the bad news is that we don't have the necessary tools to mount it.	*Die gute Nachricht ist, dass wir einen Ersatzreifen haben, die schlechte Nachricht ist, dass wir nicht das notwendige Werkzeug haben, um ihn zu montieren.*

Einige Bezeichnungen von Institutionen oder Personengruppen (so genannte Collective Nouns), wie zum Beispiel **police, government, team** oder **family**, werden unterschiedlich entweder als nicht zählbare oder zählbare Substantive verwendet, je nachdem, ob man diese als Einheit oder als eine Anzahl von einzelnen Individuen betrachtet:

Our family is the best.	*Unsere Familie ist die beste.*
Our family are wearing their motto shirts now.	*Unsere Familienmitglieder tragen jetzt ihre Mottohemden.*

Pair Nouns

Es gibt Substantive, die einen Gegenstand bezeichnen, dabei aber trotzdem als Paar aufgefasst werden (**pair** = Paar). Normalerweise handelt es sich um Gegenstände, die aus zwei Teilen bestehen:

This pair of scissors is blunt.	*Diese Schere ist stumpf.*
Bring me a pair of pliers!	*Bring mir eine Zange!*
I need a new pair of glasses.	*Ich brauche eine neue Brille.*

Oft verwendet man sie im Plural ohne **pair of**:

These scissors are blunt.	*Diese Schere ist stumpf.*
Bring me the pliers!	*Bring mir die Zange!*
I need new glasses.	*Ich brauche eine neue Brille.*
My pants have shrunk.	*Meine Hose (US)/Unterhose (UK) ist eingelaufen.*
These jeans don't fit.	*Diese Jeans passt nicht.*

Solche Wörter lassen sich nur paarweise zählen:
I'd like two pairs of green jeans.   *Ich hätte gern zwei grüne Jeans.*

Proper Names: Titles

Abkürzungen von Anreden und Titeln werden im britischen Englisch ohne Punkt und im Amerikanischen mit Punkt geschrieben.

Die allgemeine Anrede für Männer ist **Mr:**

Mr Johnson	*Herr Johnson*

Bei den Frauen ist es etwas komplizierter: Hier gibt es zwei unterschiedliche Anreden – **Miss** für unverheiratete Frauen (z.B. **Miss Johnson** = *Fräulein Johnson*) und **Mrs** für verheiratete Frauen (z.B. **Mrs Johnson** = *Frau Johnson*, also die Ehefrau von **Mr Johnson**). Mittlerweile gibt es aber auch noch eine dritte, allgemeine Anrede für alle Frauen, ganz egal, ob sie verheiratet sind oder nicht: **Ms** (z.B. **Ms Johnson** = *Frau Johnson*). **Ms** wird auch als Anrede für Frauen benutzt, die in der Ehe ihren eigenen Nachnamen beibehalten haben.

Doktor und Professor

In der englischsprachigen Welt werden Titel nicht vor dem Namen angesammelt: Man spricht eine Person mit nur einem Titel an. Kombinationen wie *Herr Dr. Mayer* und *Frau Prof. Dr. Reis* gibt es also im Englischen nicht.

Wer den Grad eines Doktors oder eines Professors erreicht hat, der hat sich auch in der Anrede den jeweiligen Titel verdient. In diesem Fall ist es also höflicher, eine Person mit ihrem Titel, und nicht nur mit **Mr** oder z. B. **Ms** zu nennen:

Dr Beale and Professor Sinclair arrived at the conference on Friday.	*Herr Dr. Beale und Frau Prof. Sinclair kamen am Freitag auf die Konferenz.*
Dr Corcoran and Dr Lowe, a husband-and-wife research team, have been invited to speak.	*Man hat Dr. Corcoran und Dr. Lowe, ein Forscherpaar, eingeladen einen Vortrag zu halten.*

Leicht gemerkt!

Merken Sie sich bei den Substantiven im Englischen Folgendes:

- Substantive werden im Englischen meist kleingeschrieben. Ausnahmen sind Eigennamen oder zum Beispiel auch Wochentage, Monate, Nationalitäten, Sprachen und Religionen:

| I don't like fish. | Ich mag keinen Fisch. |
| Do you speak English? | Sprechen Sie englisch? |

- Die meisten Substantive bilden den Plural durch Anhängen von **-s** an die Singularform:

| an apple | *ein Apfel* | ▶ | two apples | *zwei Äpfel* |

- Bei einigen Substantiven müssen Sie besonders auf die richtige Schreibweise der Pluralform achten:

a bus	*ein Bus*	▶	three buses	*drei Busse*
a ferry	*eine Fähre*	▶	two ferries	*zwei Fähren*
a knife	*ein Messer*	▶	four knives	*vier Messer*

- Darüber hinaus gibt es eine Reihe unregelmäßiger Pluralformen, die Sie am besten auswendig lernen. Hier zur Erinnerung noch ein paar Beispiele:

| a foot | *ein Fuß* | ▶ | two feet | *zwei Füße* |
| a man | *ein Mann* | ▶ | five men | *fünf Männer* |

- Beachten Sie auch den Unterschied zwischen zählbaren und nicht zählbaren Substantiven im Englischen. Zählbare Substantive können mit dem unbestimmten Artikel **a(n)** verwendet werden und haben eine Pluralform. Nicht zählbare Substantive stehen hingegen meist im Singular und werden ohne den unbestimmten Artikel benutzt:

| Would you like an apple? | *Hättest du gerne einen Apfel?* |
| Do you like ice cream? | *Magst du gerne Eis?* |

Betrachten Sie Ihre Umgebung aufmerksam und überlegen Sie sich die englischen Begriffe für Gegenstände, die Sie sehen. Bilden Sie zu diesen Gegenständen Pluralformen, überlegen Sie, ob das entsprechende Wort groß- oder kleingeschrieben wird und finden Sie heraus, ob es sich jeweils um ein zählbares oder nicht zählbares Substantiv handelt!

5 | Pronouns – *Pronomen*

Pronomen oder Fürwörter (Pronouns) können anstelle eines einzelnen Substantivs stehen, sie können aber auch ein Subjekt (▶ Subject Pronouns) oder Objekt (▶ Object Pronouns) ersetzen, das aus mehreren Wörtern besteht:

William **fell into a hole.**
▶ He **fell into a hole.**

William ist in ein Loch gefallen.
Er ist in ein Loch gefallen.

The tall blond man wearing a
yellow overcoat **fell into a hole.**
▶ He **fell into a hole.**

Der große blonde Mann, der einen gel-
ben Mantel trug, ist in ein Loch gefallen.
Er ist in ein Loch gefallen.

Im ersten Beispiel ersetzt das Pronomen **he** das Substantiv **William**, das gleichzeitig das Subjekt des Satzes bildet. Das Subjekt im zweiten Beispiel besteht aus mehreren Wörtern (**the tall blond man wearing a yellow overcoat**), man kann es hier aber ebenfalls durch das Pronomen **he** ersetzen.

Personal Pronouns – *Personalpronomen*

Bei den Personalpronomen (oder persönlichen Fürwörtern) unterscheidet man zwei unterschiedliche Formen: Subjektpronomen (Subject Pronouns) und Objektpronomen (Object Pronouns).

Subject Pronouns

Singular		Plural	
I	*ich*	we	*wir*
you	*du, Sie*	you	*ihr, Sie*
he	*er*		
she	*sie*	they	*sie*
it	*es*		

Im Gegensatz zum Deutschen gibt es bei den Subjektpronomen im Englischen nur eine Form für *du, ihr* und *Sie*: nämlich **you**. Das Pronomen **you** kann also – je nach Zusammenhang – Singular oder Plural ausdrücken. Zudem existiert die Höflichkeitsform *Sie* im Englischen nicht. Meist kann man die jeweilige Bedeutung von **you** aus dem Satzzusammenhang erschließen:

You're mean!	*Du bist gemein!*
You two should do your homework.	*Ihr zwei solltet eure Hausaufgaben machen.*
Would **you** like coffee, tea, or juice?	*Möchten Sie Kaffee, Tee oder Saft?*

Achten Sie auch auf die richtige Verwendung der Subjektpronomen **he, she** und **it**. Für Personen benutzt man immer die Pronomen **he** und **she**. Dabei ersetzt **he** eine männliche und **she** eine weibliche Person:

The boy stole my bicycle!	*Der Junge hat mein Fahrrad geklaut!*
▷ **He** stole my bicycle!	*Er hat mein Fahrrad geklaut!*
The girl tried to laugh at his jokes.	*Das Mädchen versuchte, über seine Witze zu lachen.*
▷ **She** tried to laugh at his jokes.	*Sie versuchte, über seine Witze zu lachen.*

Auch Tiere oder sogar Gegenstände, zu denen man eine persönliche Bindung hat (z.B. Haustiere oder Autos), kann man mit **he** oder **she** ersetzen. In der Regel benutzt man jedoch für Gegenstände das Pronomen **it**:

The table collapsed.	*Der Tisch brach zusammen.*
▷ **It** collapsed.	*Er brach zusammen.*

Object Pronouns

Singular		Plural	
me	*mich; mir*	**us**	*uns*
you	*dich; dir; Sie; Ihnen*	**you**	*euch; Sie; Ihnen*
him	*ihn; ihm*		
her	*sie; ihr*	**them**	*sie; ihnen*
it	*es; ihm*		

Will man im Englischen ein Objekt ersetzen, so benutzt man die oben stehenden Objektpronomen:

Archibald took the keys.	*Archibald hat die Schlüssel genommen.*
▷ **Archibald took** them.	*Archibald hat sie genommen.*
Thelma gave Louise **a good scolding.**	*Thelma hat Louise tüchtig ausgeschimpft.*
▷ **Thelma gave** her **a good scolding.**	*Thelma hat sie tüchtig ausgeschimpft.*
Rover ran after the stick.	*Rover ist dem Stock nachgelaufen.*
▷ **Rover ran after** it.	*Rover ist ihm nachgelaufen.*
Paul fixed the car for Peter.	*Paul hat das Auto für Peter repariert.*
▷ **Paul fixed the car for** him.	*Paul hat das Auto für ihn repariert.*

Wenn man ein Pronomen allein verwenden will, benutzt man ebenfalls die Objektform:

Who's there? – Me.	*Wer ist da? – Ich.*
It's me.	*Ich bin's.*
It's them.	*Sie sind's.*
Was it you?	*Warst du es?*

Possessive Forms – *Possessivformen*

Bei den besitzanzeigenden Formen (Possessive Forms) muss man zwischen den Possessivbegleitern (Possessive Determiners) und den eigentlichen Possessivpronomen (Possessive Pronouns) unterscheiden.

Possessive Determiners

Singular		Plural	
my	*mein*	**our**	*unser*
your	*dein; Ihr*	**your**	*euer; Ihr*
his	*sein*		
her	*ihr*	**their**	*ihr*
its	*sein*		

Possessivbegleiter benutzt man in der Regel vor Substantiven, um deren Besitz anzuzeigen:

My friend **Barbara is getting divorced.**	*Meine Freundin Barbara lässt sich scheiden.*
They wouldn't take **our** **brilliant advice.**	*Sie weigerten sich, unseren genialen Rat zu befolgen.*

Beachten Sie, dass man – im Gegensatz zum Deutschen – die Possessivbegleiter im Englischen auch in Verbindung mit Körperteilen oder der Kleidung von Individuen verwendet:

I broke **my** **arm.**	*Ich habe mir den Arm gebrochen.*
They took off **their** **clothes but not** **their** **hats.**	*Sie zogen sich die Kleidung aus, aber setzten ihre Hüte nicht ab.*
He touched **her** **shoulder.**	*Er berührte ihre Schulter.*
Our **stomachs hurt.**	*Wir hatten Bauchschmerzen.*

aber:
She kicked **him** **in the stomach.** *Sie hat ihn in den Bauch getreten.*

Possessive Pronouns

Singular		Plural	
mine	*meins, das meine*	**ours**	*unseres, das unsere*
yours	*deins, das deine, Ihres, das Ihre*	**yours**	*eures, das eure, Ihres, das Ihre*
his	*seines, das seine*		
hers	*ihres, das ihre*	**theirs**	*ihres, das ihre*
its	*seines, das seine*		

Achtung: Verwechseln Sie das Possessivpronomen **its** nicht mit **it's** (**it** + Apostroph), der Kurzform für **it is** oder **it has**.

Anders als die Possessivbegleiter können Possessivpronomen alleine stehen, das heißt sie begleiten ein Substantiv nicht, sondern ersetzen es:

My shirt's clean, but **hers** **is dirty.**	*Mein Hemd ist sauber, aber ihres ist schmutzig.*
Ellen has her own locker, but she likes to put her things in **his.**	*Ellen hat ihr eigenes Schließfach, aber sie stellt ihre Sachen gern in seines.*

Wie sagt man *ein Freund/eine Freundin von mir* auf Englisch? Eigentlich genau wie im Deutschen, achten Sie jedoch auf die Verwendung des Possessivpronomens:

A friend of mine is coming to visit.	*Ein Freund/eine Freundin von mir kommt zu Besuch.*
A notebook of mine is missing.	*Ein Notizbuch von mir ist weg.*

Wenn es mal unpersönlich wird

Das unpersönliche *man* kann man im Englischen unterschiedlich übersetzen. In der gesprochenen Sprache sagt man meist **you**:

You have to be really stupid to do a thing like that.	*Man muss wirklich dumm sein, um so was Blödes zu machen.*
You can get good shoes and bags there.	*Man bekommt dort gute Schuhe und Taschen.*

In der Schriftsprache benutzt man auch oft das etwas formelle **one**. Die dazugehörige Possessivform lautet einfach **one's**:

One should always wash one's hands before meals.	*Man sollte sich vor jeder Mahlzeit die Hände waschen.*
One needs to update one's wardrobe once in a while.	*Man muss seine Garderobe ab und zu der aktuellen Mode anpassen.*

Wenn man von einer Person redet, von der man nicht weiß, ob sie männlich oder weiblich ist, benutzt man einfach beide Personalpronomen **he or she** (bzw. **him or her** bei Objekten) oder die Possessivbegleiter **his or her**:

If the customer is not satisfied, he or she may return the item for a full refund.	*Wenn der Kunde/die Kundin nicht zufrieden ist, kann er oder sie die Ware gegen eine volle Rückerstattung des Kaufpreises zurückbringen.*
A typical fan wants to wear his or her favourite player's number.	*Der typische Fan will die Nummer seines Lieblingsspielers tragen.*

In der gesprochenen Sprache verwendet man in solchen Fällen auch häufig einfach die Pluralform **they**:

Apparently someone called up Harlan last night, and they started threatening him.	*Anscheinend hat gestern abend jemand Harlan angerufen, und derjenige hat angefangen, ihn zu bedrohen.*
If the person is hungry, they can get something at the fast-food place across the street.	*Wenn die Person Hunger hat, kann sie etwas beim Schnellimbiss gegenüber bekommen.*

Reflexive Pronouns – *Reflexivpronomen*

Formen

Im Englischen gibt es die folgenden rückbezüglichen Fürwörter oder Reflexivpronomen:

Singular		Plural	
Subject Pronoun	Reflexive pronoun	Subject Pronoun	Reflexive Pronoun
I	myself	we	ourselves
you	yourself	you	yourselves
he	himself	they	themselves
she	herself		
it	itself		
one	oneself		

Gebrauch

Innerhalb eines Satzes kann ein Reflexivpronomen als Objekt benutzt werden, wenn sich das Subjekt des Satzes und das Objekt auf dieselbe Person oder dieselbe Sache beziehen. Das Reflexivpronomen bezieht sich dabei „zurück" auf das Subjekt (daher die Bezeichnung „rückbezügliches Fürwort") und wird sinngemäß mit *sich* übersetzt:

I told myself I should be careful.	*Ich sagte mir, ich sollte aufpassen.*
You should introduce yourself first.	*Du solltest dich erstmal vorstellen.*
The man admired himself in the mirror.	*Der Mann bewunderte sich im Spiegel.*
We bought ourselves a new sofa.	*Wir haben uns ein neues Sofa gekauft.*
Did you enjoy yourselves at the party?	*Habt ihr euch auf der Party amüsiert?*
They built themselves a house.	*Sie haben sich ein Haus gebaut.*

Oft hat das Reflexivpronomen auch die Bedeutung *sich selbst*:

We're always laughing at ourselves. *Wir lachen dauernd über uns selbst.*
Frieda was angry with herself. *Frieda ärgerte sich über sich selbst.*

Um das Subjekt eines Satzes stärker hervorzuheben oder zu betonen, benutzt man ebenfalls häufig ein Reflexivpronomen. In diesem Fall wird es mit *selbst* übersetzt:

You know that yourself. *Das weißt du doch selbst.*
Dean said so himself. *Dean sagte es selbst.*

Auch die Ausdrücke **each other** und **one another** kann man mit *sich* übersetzen, im Gegensatz zu den Reflexivpronomen bedeuten sie jedoch *sich gegenseitig* oder *einander*:

The two dogs chased each other. *Die beiden Hunde jagten sich gegenseitig.*

Mark and Carla gave one another socks for Christmas. *Mark und Carla schenkten sich Socken zu Weihnachten.*

We haven't seen each other for a long time. *Wir haben uns schon lange nicht mehr gesehen.*

Achtung! Einige Verben sind im Deutschen reflexiv, im Englischen jedoch nicht. Die folgenden Verben werden im Englischen nicht mit Reflexivpronomen benutzt:

get dressed	*sich anziehen*
get/be angry	*sich ärgern*
move; exercise	*sich bewegen*
concentrate	*sich konzentrieren*
turn	*sich drehen*
remember	*sich erinnern an*
be interested	*sich interessieren*
comb one's hair	*sich kämmen*
open	*sich öffnen*
close	*sich schließen*
argue	*sich streiten*
meet	*sich treffen*
change [one's clothes]	*sich umziehen*

Hier einige Beispiele:

Suddenly I remembered the cake in the oven.	*Plötzlich erinnerte ich mich an den Kuchen im Backofen.*
Aaron concentrated really hard.	*Aaron konzentrierte sich sehr.*
The wheel was turning.	*Das Rad drehte sich.*

Das Verb **meet** kann in Bezug auf Menschen folgende Bedeutungen haben:
- *zum ersten Mal kennen lernen*
- *sich zum ersten Mal kennen lernen*
- *treffen*
- *sich treffen*

Beachten Sie also die unterschiedlichen Bedeutungen von **meet** in den folgenden Beispielen:

I met my wife at a party.	*Ich habe meine Frau auf einer Party kennen gelernt.*
Don and Kelly originally met in Las Vegas.	*Don und Kelly haben sich in Las Vegas kennen gelernt.*
Guess who I met in town!	*Rate mal, wen ich in der Stadt getroffen habe!*
Let's meet at the pub.	*Treffen wir uns in der Kneipe.*

Demonstrative Forms – *Demonstrativformen*

Formen

Singular	Plural
this house that street	these houses those streets

Gebrauch

Die Demonstrativformen **this** und **that** im Singular (bzw. **these** und **those** im Plural) können als Demonstrativbegleiter wie Artikel vor einem Substantiv stehen:

This building is quite high, but **that** skyscraper is even higher.	*Dieses Gebäude ist ziemlich hoch, aber der Wolkenkratzer dort drüben ist noch höher.*
I like **these** shoes, but I don't like **those** socks.	*Mir gefallen diese Schuhe, aber ich mag die Socken da nicht.*

Beachten Sie, dass man **this** und **these** benutzt, um von Dingen zu sprechen, die räumlich oder z.B. auch zeitlich näher sind. **That** und **those** hingegen verwendet man zusammen mit Dingen, die weiter entfernt sind oder auch zeitlich weiter zurück liegen.

Man kann die Demonstrativformen auch alleine benutzen. In diesem Fall ersetzen sie als Demonstrativpronomen ein Subjekt oder Objekt:

This is my book. Whose is **that**?	*Dies ist mein Buch. Wem gehört das hier?*
Are **these** your shoes? – No, **those** are mine.	*Sind das hier deine Schuhe? – Nein, die dort drüben gehören mir.*

Auch als Demonstrativpronomen werden **this, that, these** und **those** verwendet, um darauf hinzuweisen, dass Dinge entweder räumlich oder zeitlich nahe sind, oder eben weiter entfernt sind bzw. zeitlich weiter zurück liegen. Die Demonstrativformen drücken also meist einen räumlichen oder zeitlichen Kontrast zwischen zwei Dingen oder Personen aus.

Indefinite Pronouns – *Indefinitpronomen*

Im Englischen gibt es noch eine Reihe weiterer Pronomen, die man als Indefinitpronomen oder auch als unbestimmte Fürwörter bezeichnet. Auf den folgenden Seiten lernen Sie einige dieser weiteren Pronomen kennen.

All

Das unbestimmte Pronomen **all** *(alle(s))* kann man ohne den bestimmten Artikel direkt vor einem Substantiv benutzen. Es bezieht sich dabei auf alle Personen oder Gegenstände einer unbegrenzten Menge:

All boys like playing football.	*Alle Jungs spielen gerne Fußball.*
I love **all** sweets.	*Ich mag alle Süßigkeiten.*

In Verbindung mit dem bestimmten Artikel **the** bezieht sich **all** vor einem Substantiv auf alle Personen oder Gegenstände einer begrenzten Menge. In diesem Fall wird **all** auch häufig mit *der/die/das ganze(n)...* übersetzt:

The cats ate all the fish.	*Die Katzen fraßen den ganzen Fisch.*

> **!** Beachten Sie, dass das Pronomen **all** zwar vor einem Substantiv stehen kann, aber nur nach einem Personalpronomen!
> **I beat** them all.   *Ich schlug sie alle.*
> We all **ordered cheesecake.**   *Wir bestellten alle Käsekuchen.*

Statt **all the** kann man auch **all of the** sagen:

The cats ate all of the fish.	*Die Katzen fraßen den ganzen Fisch.*
All of the visitors **were cranky.**	*Alle Besucher waren schlecht gelaunt.*

Wenn man **all** zusammen mit dem Subjekt eines Satzes verwenden möchte, dann kann man das Pronomen auch direkt hinter das Subjekt setzen, oder – wenn der Satz ein Hilfsverb enthält – hinter das erste Hilfsverb:

The painters all **went home early.**	*Die Maler sind alle früh heimgegangen.*
The books **have** all **fallen off the shelf.**	*Die Bücher sind alle aus dem Regal gefallen.*
The parents **have** all **written to the headmaster.**	*Die Eltern haben alle dem Schulleiter geschrieben.*

Auch wenn das Hilfsverb **be** als Vollverb gebraucht wird, steht das Pronomen **all** hinter dem Verb:

You were all **there too.**	*Ihr wart auch alle da.*
The employees were all **happy.**	*Die Arbeitnehmer waren alle zufrieden.*

Da **all** nur in ganz wenigen Fällen allein stehen kann, benutzt man normalerweise viel häufiger die Ausdrücke **everything** *(alles)* und **everyone** bzw. **everybody** *(alle)*:

Rex worries about everything.	*Rex macht sich über alles Sorgen.*
Everything **was fine.**	*Alles war in Ordnung.*
Everyone **came.**	*Alle sind gekommen.*
I gave one to everyone.	*Ich habe jedem eins gegeben.*
Everybody **was talking about Roseanne's new nose.**	*Alle haben von Roseannes neuer Nase geredet.*
Aunt Becky kissed everybody **good-bye.**	*Tante Becky küsste alle zum Abschied.*

Both

Das Pronomen **both** *(beide)* kann wie **all** an unterschiedlichen Positionen im Satz stehen:

We met both **her sons.**	*Wir lernten ihre beiden Söhne kennen.*
Both **our cars are old.**	*Unsere beiden Autos sind alt.*
Both **of the bottles exploded.**	*Alle beiden Flaschen explodierten.*
I gave both **of the letters to Jess.**	*Ich gab Jess beide Briefe.*
The eggs for the cake both **broke.**	*Die Eier für den Kuchen zerbrachen beide.*
Mac and Toni were both **screaming.**	*Mac und Toni haben beide geschrien.*
Now the teacher and the substitute are both **ill.**	*Jetzt sind die Lehrerin und ihre Vertretung beide krank.*

Im Gegensatz zu **all** kann **both** jedoch auch völlig allein stehen:

I was worried about the packages, but both **arrived safely.**	*Ich machte mir Sorgen um die Pakete, aber alle beide sind heil angekommen.*
Which flavour is better: chocolate or vanilla? – Both **are good.**	*Welcher Geschmack ist besser: Schokolade oder Vanille? – Alle beide sind gut.*

Each

Das Pronomen **each** *(jeder/jede/jedes (einzelne))* wird sehr häufig in der Verbindung **each of...** gebraucht. Es kann sich aber auch auf ein Substantiv zurück beziehen, das im Satz bereits genannt wurde. Hier einige Beispiele:

Each of the pipes had to be repaired. The boss spoke to each of the employees individually.	*Jede Leitung musste repariert werden. Die Chefin sprach mit jedem der Mitarbeiter einzeln.*
Five robbers each decided to break into the same bank the same night.	*Fünf Räuber beschlossen in derselben Nacht jeweils in dieselbe Bank einzu-brechen.*
Mandy, Phil, Candice, and Henry have each given us a toaster as a wedding gift.	*Mandy, Phil, Candice und Henry haben uns je einen Toaster zur Hochzeit geschenkt.*

> Man benutzt **each** vor allem, um eine einzelne Person oder Sache aus einer Gruppe hervorzuheben. Möchte man eine Gruppe allgemein hervorheben, so verwendet man eher **every** *(jeder/jede/jedes)*. Vergleichen Sie:

Each of the houses has a garden.	*Jedes der Häuser hat einen Garten.*
Every house should have a door to get in.	*Jedes Haus sollte eine Tür haben, damit man hinein kommt.*

Häufig bezieht sich **each** auf das erste von zwei Objekten. Dann steht **each** meist nach dem ersten Objekt:

The nurse gave the children each a toy.	*Die Krankenschwester gab jedem der Kinder ein Spielzeug.*

Enthält das zweite Objekt jedoch eine Mengenangabe, dann steht **each** oft dahinter, vor allem, wenn man die Mengenangabe betonen möchte:

Uncle Willy gave the boys five dollars each.	*Onkel Willy gab jedem der Jungen fünf Dollar.*

Auch bei Preisangaben ist es üblich, **each** nach dem Preis zu sagen. Dies gilt im Übrigen auch für das Wörtchen **apiece** *(pro Stück)*, das hier gleichbedeutend verwendet werden kann:

These pens are 95 cents each.	*Diese Kugelschreiber kosten 95 Cent pro Stück.*
The bouquets cost ten pounds apiece.	*Die Blumensträuße kosten zehn Pfund pro Stück.*

One

Das unbestimmte Pronomen **one** *(ein(e)s)* wird wie **each** oft in der Verbindung **one of...** gebraucht. Es kann aber auch alleine stehen:

Have one!	*Nimm eins!*
I had never seen an armadillo until we encountered one at the zoo.	*Ich hatte noch nie ein Gürteltier gesehen, bis wir eins im Zoo entdeckt haben.*
One of the books was about horse races.	*Eines der Bücher handelte von Pferderennen.*

Häufig benutzt man **one**, wenn man vermeiden möchte, ein zuvor bereits genanntes zählbares Substantiv zu wiederholen. Dabei ersetzt **one** ein Substantiv im Singular und **ones** ein Substantiv im Plural:

I could give you a shirt of mine. Which one do you want? **– I'll take the blue one.**	*Ich könnte dir ein Hemd von mir geben. Welches willst du?* *– Ich nehme das blaue.*
These shoes are quite nice, but the ones over there are really beautiful.	*Diese Schuhe sind ganz hübsch, aber die dort drüben sind wirklich schön.*

None

Das Pronomen **none** *(keiner/keine/keines)* steht meist nur im formellen Sprachgebrauch alleine. Viel häufiger findet man **none** in der Verbindung **none of...**:

None of the mice likes cheese.	*Keine der Mäuse mag Käse.*
None of her furniture was comfortable.	*Keine ihrer Möbel waren bequem.*

Beachten Sie, dass das Verb in einem Satz nach **none of** und einem zählbaren Substantiv im Plural ebenfalls im Plural steht:

None of your greedy clients **were** there.	*Keiner deiner gierigen Kunden war da.*

Wenn man *keiner* im Sinne von *niemand* oder *kein Mensch* sagen will, verwendet man nicht das Pronomen **none**, sondern **no one** oder **nobody**:

No one was home.	*Keiner war zu Hause.*
Nobody said you had to believe it.	*Niemand hat gesagt, dass du es glauben musst.*

Either und *neither*

Wenn das Indefinitpronomen **either** alleine oder in der Verbindung **either of...** steht, bedeutet es etwa *jeder/jede/jedes der beiden* oder auch *entweder das eine oder das andere*:

Should we take the stew or the roast? – **Either** would be fine.	*Sollen wir den Eintopf oder den Braten nehmen? – Beides wäre gut.*
Either of the boys will be glad to help you – if you pay him.	*Jeder der beiden Jungen hilft dir gern – wenn du ihn bezahlst.*

Parallel dazu bedeutet **neither** alleine oder in der Verbindung **neither of...** etwa *keiner/keine/keines der beiden* oder *weder das eine noch das andere*:

Neither really appeals to me.	*Keiner der beiden sagt mir wirklich zu.*
Neither of them did a good job.	*Keiner der beiden hat seine Arbeit gut gemacht.*

Steht **either** im Satz nach einem verneinten Element (also nach einem verneinten Verb oder z.B. auch nach **never**), dann bedeutet es *keiner/keine/keines der beiden*:

The parrots **wouldn't** describe **either** of the robbers.	*Die Papageien wollten keinen der Räuber beschreiben.*
I **never** saw **either** of them again.	*Ich habe keinen der beiden jemals wieder gesehen.*

Some

Das unbestimmte Pronomen **some** *(manche, einige, welche)* kann entweder alleine oder häufig auch in der Verbindung **some of...** stehen. Es bezieht sich oft auf eine unbestimmte Menge:

I'd like some, please.	*Ich hätte gern welche.*
Roger didn't really want licorice, but he bought some anyway.	*Roger wollte eigentlich keine Lakritze, aber er kaufte trotzdem welche.*
Some of the waiters were more elegant than the patrons.	*Einige Kellner waren eleganter als die Gäste.*

Any

In verneinten Sätzen benutzt man nach dem Verb anstelle von **some** das unbestimmte Pronomen **any**. Übersetzt wird **any** hier im Sinne von *keiner/keine/keines*:

I asked for secondhand computers, but they didn't have any.	*Ich fragte nach gebrauchten Computern, aber sie hatten keine.*
I haven't heard from any of them.	*Ich habe bislang von keinem von ihnen gehört.*
My shoes weren't in any of the closets or under any of the beds in the house.	*Meine Schuhe waren in keinem der Schränke und auch unter keinem der Betten im Haus.*

In Fragesätzen verwendet man **any**, wenn man nicht weiß, ob die Antwort *ja* oder *nein* lauten wird. **Some** hingegen benutzt man bei Fragen, bei denen man eine positive Antwort erwartet. Vergleichen Sie:

Do you still have any questions?	*Haben Sie noch Fragen?*
Could I have some water, please?	*Könnte ich bitte etwas Wasser bekommen?*

Pronomen können entweder ein einzelnes Substantiv oder ganze Satzteile (wie zum Beispiel ein Subjekt oder Objekt) ersetzen.

Merken Sie sich die folgenden wichtigsten Pronomen im Englischen:

Personalpronomen

Personalpronomen können als **Subject Pronouns** das Subjekt eines Satzes ersetzen:

The Prime Minister is having breakfast.	*Der Premierminister frühstückt gerade.*
He is having breakfast.	*Er frühstückt gerade.*

Als **Object Pronouns** können Personalpronomen auch ein Objekt im Satz ersetzen:

She gave Paul a present.	*Sie machte Paul ein Geschenk.*
She gave him a present.	*Sie machte ihm ein Geschenk.*

Possessivformen

Bei den Possessivformen müssen Sie zwischen **Possessive Determiners** und **Possessive Pronouns** unterscheiden:

Did you bring your coat?	*Hast du deinen Mantel mitgebracht?*
Is that coat yours?	*Gehört der Mantel dir?*

Reflexivpronomen

Reflexivpronomen beziehen sich in der Regel auf das Subjekt eines Satzes zurück:

I looked at myself in the mirror.	*Ich sah mich im Spiegel an.*

Beachten Sie, dass einige Verben im Englischen im Gegensatz zum Deutschen ohne Reflexivpronomen verwendet werden:

You should get dressed!	*Du solltest dich anziehen!*

Demonstrativformen

Auch bei den Demonstrativformen **this** und **that** im Singular (**these** und **those** im Plural) unterscheidet man zwischen Demonstrativbegleitern und Demonstrativpronomen:

This house looks beautiful.	*Dieses Haus sieht sehr schön aus.*
Whose house is **that**?	*Wem gehört das Haus dort?*

Indefinitpronomen

Hier sehen Sie noch einmal die wichtigsten Indefinitpronomen auf einen Blick:

all	*alle(s)/der, die, das ganze*	**either**	*jeder, jede, jedes der beiden*
both	*beide*	**neither**	*keiner, keine, keines der beiden*
each	*jeder, jede, jedes (einzelne)*	**some**	*etwas*
one	*ein(e)s*	**any**	*(irgend)etwas*
none	*keiner, keine, keines*		

Wie Sie sehen, kann es etwas mühsam sein, die Wortbedeutungen der Indefinitpronomen auswendig zu lernen. Deshalb empfiehlt es sich, diese Pronomen immer in einem bestimmten Satzzusammenhang zu lernen. Können Sie schon eigene englische Sätze bilden, in denen die oben genannten Pronomen vorkommen? Versuchen Sie es und achten Sie dabei besonders auf die richtige Verwendung der Indefinitpronomen!

6 | Articles and related Words – *Artikel und verwandte Wörter*

Artikel stehen immer vor einem Substantiv oder Nomen. Man findet jedoch auch oft noch eine Reihe weiterer Elemente vor einem Substantiv. Beachten Sie deshalb die richtige Wortfolge:

> Artikel – Zahl – Adjektiv(e) – **Substantiv**

Zwischen einem Artikel und einem Substantiv können also noch eine Zahlenangabe oder auch ein oder mehrere Adjektive stehen:

the marmot	*das Murmeltier*
the five marmots	*die fünf Murmeltiere*
the sleepy marmot	*das schläfrige Murmeltier*
the five sleepy marmots	*die fünf schläfrigen Murmeltiere*

Anstelle eines bestimmten oder unbestimmten Artikels können vor einem Substantiv zum Beispiel auch Demonstrativbegleiter (**this, that, these** oder **those**) oder besitzanzeigende Formen wie **my, her, their** oder z.B. **John's** stehen:

this marmot	*dieses Murmeltier*
my sleepy marmot	*mein schläfriges Murmeltier*
their five marmots	*ihre fünf Murmeltiere*
John's five sleepy marmots	*Johns fünf schläfrige Murmeltiere*

Der unbestimmte Artikel

Vor einem zählbaren Substantiv im Singular kann man im Englischen den unbestimmten Artikel **a** benutzen:

A passing car skidded to a stop.	*Ein vorbeifahrendes Auto rutschte und kam zum Stehen.*
A dishwasher is a useful thing to have.	*Es ist nützlich, eine Geschirrspülmaschine zu haben.*

Vor einem Substantiv, das mit einem Vokallaut beginnt, lautet der unbestimmte Artikel **an**:

An anteater and **an e**lephant are going for **a w**alk.	*Ein Ameisenbär und ein Elefant gehen zusammen spazieren.*
Please buy me an orange and **an a**pple.	*Kauf mir bitte eine Orange und einen Apfel.*
He was wearing an old shirt.	*Er trug ein altes Hemd.*

An anteater and an elephant are going for a walk.

Ob man nun **a** oder **an** verwendet, hängt von dem Laut ab, mit dem das Substantiv beginnt, und nicht von dem jeweiligen Buchstaben. Beachten Sie in den folgenden Beispielen also die richtige Aussprache der auf die Artikel folgenden Substantive:

She intended to join a union [ˈjuːnjən]**.**	*Sie hatte vor, in eine Gewerkschaft einzutreten.*
This graph shows an x-axis [eks] **and a y-axis** [waɪ]**.**	*Dieses Diagramm zeigt eine x-Achse und eine y-Achse.*

Anwendungstipps

Man benutzt den unbestimmten Artikel **a**, wenn man den Beruf einer einzelnen Person angibt:

Stephanie is a welder.	*Stephanie ist Schweißerin.*
Julian is a singer.	*Julian ist Sänger.*

Im Plural fällt der Artikel natürlich weg:

Liza and Victor are nurses.   *Liza und Victor sind Krankenpfleger.*

Auch vor einigen größeren Zahlenangaben (**hundred, thousand, million** und **billion**) verwendet man anstelle von **one** oft den unbestimmten Artikel:

Simon just won a hundred thousand dollars.	*Simon hat gerade hunderttausend Dollar gewonnen.*
We expected a hundred people at the opening.	*Wir erwarteten hundert Leute bei der Eröffnung.*

Auch nach **with** und **without** kann der unbestimmte Artikel stehen, vorausgesetzt, das darauf folgende Substantiv ist zählbar und steht im Singular:

The boss was wearing a blouse with a bow.	*Die Chefin trug eine Bluse mit Schleife.*
Al left the house without a jacket.	*Al ging ohne Jacke aus dem Haus.*
You can have the chicken with or without a salad.	*Sie können das Hähnchen mit oder ohne Salat haben.*

Ebenso benutzt man den unbestimmten Artikel nach **as**, wenn darauf ein zählbares Substantiv im Singular folgt:

As a politician, Lisle was successful; as a human being, he was not.	*Als Politiker war Lisle erfolgreich, als Mensch war er es nicht.*
Lillian came dressed as a witch, but no one realized that she was in costume.	*Lillian kam als Hexe verkleidet, aber keiner merkte, dass sie kostümiert war.*
We can use the bed as a couch.	*Wir können das Bett als Couch benutzen.*

Der bestimmte Artikel

Im Englischen lautet der bestimmte Artikel immer **the**. Im Gegensatz zum deutschen *der/die/das* ist **the** unveränderlich:

This is the only bridge over the river.	*Das ist die einzige Brücke über den Fluss.*
The cats are sitting on top of the bookcase.	*Die Katzen sitzen oben auf dem Bücherregal.*

! Achten Sie auf die richtige Aussprache des bestimmten Artikels.
Vor einem Konsonant spricht man [ðə], vor einem Vokal oder um
etwas besonders zu betonen jedoch [ði]:

the house	[ðə]		*das Haus*
the opera	[ði]		*die Oper*

Anwendungstipps

Substantive, die z.B. eine Tiergattung oder eine bestimmte Gruppe
von Menschen bezeichnen, stehen in der Regel ohne den bestimmten
Artikel:

Crows are intelligent, amusing animals.	*Krähen sind intelligente, witzige Tiere.*
Canadians speak a North American dialect of English.	*Die Kanadier sprechen eine nordamerikanische Variante des Englischen.*
Archaeologists like to be outdoors.	*Archäologen sind gerne draußen.*

Auch Wochentage, Monate und die meisten Feiertage haben keinen
bestimmten Artikel:

We could meet on Monday.	*Wir könnten uns am Montag treffen.*
January is a dreary month.	*Der Januar ist ein öder Monat.*
Easter would be a good day for a party.	*Der Ostersonntag wäre ein guter Tag für ein Fest.*

Auch Mahlzeiten stehen meist ohne den bestimmten Artikel **the**,
außer wenn es sich um eine ganz bestimmte Mahlzeit als Ereignis
oder um das servierte Essen handelt:

We had lunch at a restaurant.	*Wir haben in einem Restaurant zu Mittag gegessen.*
Joan invited me over for tea.	*Joan hat mich zu sich zum Tee eingeladen.*
The four of them met for dinner at Sophy's.	*Die vier trafen sich bei Sophy zum Abendessen.*
The charity dinner was a success.	*Das Abendessen für wohltätige Zwecke war ein Erfolg.*
I didn't like the lunch.	*Ich mochte das Mittagessen nicht.*

In Verbindung mit einigen öffentlichen Einrichtungen verwendet man ebenfalls meist keinen bestimmten Artikel. Dazu gehören z.B. **school** (*Schule*), **college** (*Hochschule*), **jail** (*Gefängnis* (AE)), **prison** (*Gefängnis* (BE)), **church** (*Kirche*), **university** (*Universität*) und **hospital** (*Krankenhaus*):

My daughter has to go to school in the morning, unless she can think of a good excuse.	*Meine Tochter muss morgens in die Schule gehen, es sei denn, sie lässt sich eine gute Ausrede einfallen.*
The murderer escaped from prison.	*Der Mörder ist aus dem Gefängnis ausgebrochen.*
We go to church every Sunday.	*Wir gehen jeden Sonntag in die Kirche.*

Wenn man sich allerdings auf eine bestimmte öffentliche Einrichtung oder ein bestimmtes Gebäude beziehen möchte, dann benutzt man den bestimmten Artikel **the**:

The school is fairly large. **The prison was always cold.** **We went into the church.**	*Die Schule ist ziemlich groß.* *Das Gefängnis war immer kalt.* *Wir sind in die Kirche hineingegangen.*

Demonstrativbegleiter

Die Demonstrativbegleiter **this, that, these** und **those** (▶ Demonstrative Forms – *Demonstrativformen*) können anstelle eines Artikels ebenfalls vor einem Substantiv stehen:

With this drink you'll add ten years to your life. **These boots are killing me!** **What does that man want?** **Those two jokers had better watch out!**	*Mit diesem Getränk verlängern Sie Ihr Leben um zehn Jahre.* *Diese Stiefel bringen mich um!* *Was will dieser Mann da?* *Die beiden Spaßvögel dort sollten sich in Acht nehmen!*

Man benutzt **this** und **these** für Dinge, die räumlich oder zeitlich näher sind. **That** und **those** verweisen dagegen meist auf etwas, das weiter entfernt ist, zeitlich weiter zurück liegt oder auf etwas, zu dem der jeweilige Sprecher eine emotional größere Distanz verspürt:

This house is bigger than that house.	*Dieses Haus hier ist größer als das Haus dort drüben.*
Those applicants weren't as good as the current ones.	*Jene Bewerber waren nicht so gut wie die jetzigen.*

Beim Erzählen kann man vor einem Substantiv ebenfalls **this** verwenden, um subtil anzudeuten, dass es sich um etwas Ungewöhnliches oder Komisches handelt. So klingt eine Geschichte oft etwas lebendiger:

Alison came in wearing this weird hat.	*Alison ist mit diesem merkwürdigen Hut auf dem Kopf hereingekommen.*
And then she ate this huge chocolate cake right after lunch.	*Und dann aß sie diesen riesigen Schokokuchen direkt nach dem Mittagessen.*

Andere artikelähnliche Wörter

Es gibt noch eine Reihe weiterer Wörter, die wie ein Artikel vor einem Substantiv stehen können.

Some *(etwas/einiges/manches)* wird in Verbindung mit einem unzählbaren Substantiv im Singular oder mit einem Substantiv im Plural gebraucht:

Could I have some hot tea, please?	*Könnte ich bitte etwas heißen Tee haben?*
Some drunks were singing outside my window.	*Einige Betrunkene sangen vor meinem Fenster.*

Vor einem Substantiv bezeichnet **all** *(alle(s))* alle Personen oder Dinge einer unbegrenzten Menge. Man findet **all** daher häufig in allgemeinen Aussagen:

All passengers must pay attention during the safety briefing.	*Alle Passagiere müssen während der Sicherheitsunterweisung aufpassen.*
The course covers all basic problems.	*Der Kurs behandelt alle elementaren Probleme.*

Every bezeichnet vor einem Substantiv alle Personen oder Dinge einer Gruppe im Allgemeinen. Man benutzt **every** immer zusammen mit einem Substantiv im Singular:

In the US every town has at least one motel.	*In den USA hat jede Stadt mindestens ein Motel.*
Every person in the room stood up.	*Alle Leute im Raum standen auf.*
I think Ken knows every single rock on the shore.	*Ich glaube, Ken kennt jeden einzelnen Felsen am Ufer.*

Im Gegensatz zu **every** betont **each** jedes einzelne Element einer Gruppe. Auch **each** steht immer vor einem Substantiv im Singular:

Each toy is inspected individually.	*Jedes Spielzeug wird einzeln untersucht.*
We admired each item in the window.	*Wir bewunderten jedes Stück im Schaufenster.*

Both vor einem Substantiv im Plural bedeutet *alle beide*, es betont also, dass beide Elemente gleichermaßen gemeint sind:

Both companies sell green sunscreen.	*Beide Firmen verkaufen grünes Sonnenschutzmittel.*
Each crook tried to blame the other, but in the end both men were convicted.	*Jeder der beiden Gauner versuchte, dem anderen die Schuld zu geben, aber schließlich wurden alle beiden Männer verurteilt.*

Wenn man dies nicht hervorheben möchte, benutzt man anstelle von **both** eher **the two** *(die beiden/die zwei)*:

The two friends talked on the phone every day.	*Die beiden Freunde telefonierten jeden Tag miteinander.*
The two companies work together.	*Die beiden Firmen arbeiten zusammen.*

Direkt vor einem Substantiv im Singular bedeutet **either** meist *jeder/jede/jedes der beiden* oder auch *entweder das eine oder das andere*. Es bezeichnet also wie **both** zwei Personen oder Dinge, hebt dabei jedoch jede Person oder jeden Gegenstand für sich hervor:

Either dog would be good.	*Jeder der beiden Hunde wäre gut.*
You can have either one but not both.	*Du kannst das eine oder das andere haben, aber nicht beide.*
I don't care; you can give me either kind.	*Mir ist es egal, du kannst mir entweder das eine oder das andere geben.*

Andere artikelähnliche Wörter

| The actress came down the corridor with a bodyguard on **either** side. | *Die Schauspielerin kam mit einem Leibwächter auf beiden Seiten den Gang entlang.* |

Neither vor einem Substantiv im Singular bedeutet dagegen *keiner/ keine/keines der beiden*:

| **Neither** girl was interested in dolls.
Neither textbook contains any useful information. | *Keines der beiden Mädchen interessierte sich für Puppen.*
Keines der beiden Lehrbücher enthält irgendwelche nützliche Informationen. |

Das Wörtchen **no** verneint ein Substantiv, es kann jedoch im Gegensatz zu vielen anderen artikelähnlichen Wörtern nicht als Pronomen alleine stehen. Das entsprechende Pronomen zu **no** ist **none**:

| **No** news is good news.

We waited for celebrities, but **none** showed up. | *Keine Nachrichten sind gute Nachrichten.*
Wir haben auf Berühmtheiten gewartet, aber es tauchten keine auf. |

Man benutzt **no** hauptsächlich vor Substantiven, die das Subjekt eines Satzes bilden. Substantive in der Objektposition verneint man dagegen mit **not ... any**:

| Having worked in a chocolate factory, I did**n't** like **any** cookies. | *Da ich in einer Schokoladenfabrik gearbeitet hatte, mochte ich keine Kekse.* |

Leicht gemerkt!

Der unbestimmte Artikel

Im Englischen lautet der unbestimmte Artikel **a**:

| David has **a** new bicycle. | *David hat ein neues Fahrrad.* |

Vor einem Vokallaut wird **a** zu **an**:

| Would you like **an** orange? | *Hättest du gerne eine Orange?* |

Beachten Sie, dass der unbestimmte Artikel **a(n)** nur vor einem zählbaren Substantiv im Singular stehen kann!

Der bestimmte Artikel

Der bestimmte Artikel ist im Englischen unveränderlich und lautet immer **the:**

Could you pass me the salt, please?	Könntest du mir bitte das Salz reichen?

Weitere Begleiter

Anstelle eines Artikels kann man vor einem Substantiv auch andere Begleiter verwenden, wie zum Beispiel die Demonstrativbegleiter **this** und **that** (bzw. **these** und **those** im Plural), oder auch unbestimmte Begleiter wie **some, any, all, every, each, both, either, neither** und **no.**

7 | Quantities and Measurements – *Mengen- und Maßangaben*

Bei Mengen- und Maßangaben im Englischen ist es wichtig zu unterscheiden, ob diese in Verbindung mit zählbaren oder nicht zählbaren Substantiven stehen (▶ Zählbare und nicht zählbare Substantive). So kann beispielsweise eine grammatikalisch korrekte Antwort auf die Frage *Wie viel Milch habt ihr gekauft?* nicht *zwei* lauten, da man Milch nicht zählen kann. Auf die Frage *Wie viele Hemden hast du gekauft?* kann man jedoch durchaus *zwei* antworten.

Fragen

Im Gegensatz zum Deutschen wird der Unterschied zwischen zählbaren und nicht zählbaren Substantiven bereits bei der Fragestellung nach einer Menge oder einer Maßangabe deutlich. So verwendet man die Formel **How many...?**, wenn das darauf folgende Substantiv zählbar ist und im Plural steht. Die Formel **How much...?** dagegen wird bei Fragen in Verbindung mit nicht zählbaren Substantiven im Singular gebraucht:

How many calves are there?	*Wie viele Kälber sind es?*
How much milk have we got?	*Wie viel Milch haben wir noch?*

Nicht zählbare Substantive können jedoch durch eine zusätzliche Mengen- oder Maßangabe zählbar gemacht werden, beispielsweise durch die Ergänzung entsprechender Gefäße, die man einzeln zählen kann:

How much wine should I buy?	*Wie viel Wein soll ich kaufen?*
How many bottles of wine should I buy?	*Wie viele Flaschen Wein soll ich kaufen?*

Wenn in Verbindung mit einem nicht zählbaren Substantiv bereits in der Frage eine Maßeinheit genannt wird und eine mögliche Antwort somit auch zählbare Einheiten ergibt, verwendet man ebenfalls die Frageformel **How many...?**:

How many litres of wine should I buy?	*Wie viel Liter Wein sollte ich kaufen?*

Money (*Geld*) ist im üblichen Sinn nicht zählbar:

How much money do you have on you?   *Wie viel Geld hast du dabei?*

How much money has that rich man got?   *Wie viel Geld hat der reiche Mann?*

Gleichzeitig aber werden Antworten auf Fragen nach Geldmengen oft in zählbaren Währungseinheiten angegeben:

How much money do you have on you?	*Wie viel Geld hast du dabei?*
I have five dollars and twenty-five cents.	*Ich habe fünf Dollar und fünfundzwanzig Cent.*
He has three million pounds.	*Er hat drei Millionen Pfund.*

Many oder much?

Zählbare Substantive im Plural verwendet man zusammen mit den Ausdrücken **many** *(viele)*, **few** *(nur wenige)* und **a few** *(einige wenige/ein paar)*:

That library has many good books.	*Diese Bibliothek hat viele gute Bücher.*
Many people disagree.	*Viele Leute sind anderer Meinung.*
Eleanor took few blouses along on her trip.	*Eleanor nahm nur wenige Blusen auf die Reise mit.*
Few people like to swim in cold water.	*Nur wenige Leute schwimmen gern in kaltem Wasser.*
A few coins fell on the floor.	*Einige Münzen fielen auf den Boden.*
There were a few candles in the drawer.	*Da waren ein paar Kerzen in der Schublade.*

Quite a few in Verbindung mit einem zählbaren Substantiv im Plural bedeutet *relativ viele* oder *nicht wenige*:

Ralph read quite a few books while he was recovering.	*Ralph hat nicht wenige Bücher gelesen, während er sich erholt hat.*
Quite a few people have read Shakespeare.	*Ziemlich viele Leute haben Shakespeare gelesen.*

Ralph read quite a few books while he was recovering.
Ralph hat nicht wenige Bücher gelesen, während er sich erholt hat.

Nicht zählbare Substantive im Singular werden dagegen in Verbindung mit **much** *(viel)*, **little** *(nur wenig)* und **a little** *(ein wenig/ein bisschen)* gebraucht:

There isn't much food in the house.	*Es ist nicht viel zu essen im Haus.*
Don't make so much noise!	*Mach nicht so viel Lärm!*
The employees had little work to do.	*Die Mitarbeiter hatten nur wenig zu tun.*
Olga ate little soup but much cake.	*Olga hat wenig Suppe, aber viel Kuchen gegessen.*
A little rest would do you good.	*Ein bisschen Ruhe würde dir gut tun.*
Would you like a little milk with your coffee?	*Möchten Sie ein bisschen Milch in Ihren Kaffee?*

Die Konstruktion **a lot (of)** *(viel(e))* hat dieselbe Bedeutung wie **much** oder **many** und kann sowohl mit zählbaren als auch mit nicht zählbaren Substantiven kombiniert werden. **A lot (of)** klingt dabei oft natürlicher als **much** oder **many**, man kann diese Konstruktion jedoch nicht mit **too** *(zu* im Sinne von *übermäßig,* z.B. *zu schnell)* kombinieren:

We ate a lot of lasagna.	*Wir haben viel Lasagne gegessen.*
We talked to a lot of people that we knew.	*Wir haben mit vielen Leuten gesprochen, die wir kannten.*

aber:

We ate too much lasagna.	*Wir haben zu viel Lasagne gegessen.*
We talked to too many people.	*Wir haben mit zu vielen Leuten gesprochen.*

Merken Sie sich, dass man **many** nur in Verbindung mit zählbaren Substantiven und **much** nur mit nicht zählbaren Substantiven benutzen kann:

How many books have you read?	*Wie viele Bücher hast du schon gelesen?*
There isn't much coffee left.	*Es ist nicht mehr viel Kaffee übrig.*

Ebenso werden die Ausdrücke **few** *(nur wenige)* und **a few** *(ein paar)* nur mit zählbaren Substantiven gebraucht, während man bei nicht zählbaren Substantiven die Ausdrücke **little** *(nur wenig)* und **a little** *(ein bisschen)* verwendet:

Few people can afford a house of their own.	*Nur wenige Leute können sich ein eigenes Haus leisten.*
I met a few friends at the pub.	*Ich habe ein paar Freunde in der Kneipe getroffen.*
She's only got little money.	*Sie hat nur wenig Geld.*
Would you like a little sugar?	*Hätten Sie gerne ein bisschen Zucker?*

Den Ausdruck **a lot (of)** *(viel(e))* kann man dagegen sowohl in Verbindung mit zählbaren als auch mit nicht zählbaren Substantiven benutzen:

There are a lot of books on your shelf.	*In deinem Regal stehen viele Bücher.*
There should be a lot of milk in the fridge.	*Im Kühlschrank müsste es viel Milch geben.*

Kennen Sie bereits den Unterschied zwischen zählbaren und nicht zählbaren Substantiven? Zählbare Substantive bezeichnen in der Regel Dinge, die man einzeln zählen kann, während nicht zählbare Substantive meist unbestimmte Mengen bezeichnen. Sehen Sie sich einmal in Ihrer Umgebung um und notieren Sie sich einige Substantive, die Sie sehen, auf Englisch auf einem Blatt Papier. Bilden Sie dann englische Sätze mit diesen Substantiven und ergänzen Sie diese mit den Ausdrücken **much** oder **many**, **few** oder **little** usw. So bekommen Sie ein gutes Gespür dafür, welche Substantive zählbar sind und welche nicht!

8 | Adjectives – *Adjektive*

Allgemeine Bemerkungen

Im Gegensatz zu Adjektiven im Deutschen, die sich jeweils nach dem dazugehörigen Substantiv richten und dabei ihre Form verändern, sind Adjektive (Adjectives) im Englischen in ihrer Grundform immer unveränderlich:

The **hungry** dog stole the sausage.	*Der hungrige Hund hat die Wurst gestohlen.*
I fed a **hungry** cat.	*Ich habe eine hungrige Katze gefüttert.*
The two **hungry** lions were fighting over some meat.	*Die beiden hungrigen Löwen haben um ein Stück Fleisch gekämpft.*

Auch Partizipien (Participles) verwendet man im Englischen sehr häufig als Adjektive. So besitzt beispielsweise das Past Participle, das zur Bildung des Passivs gebraucht wird (▶ Passive Forms – *Passiv*), als Adjektiv ebenfalls oft eine Passivbedeutung:

The **lost** keys turned up in the pocket of a thief.	*Die verlorenen Schlüssel tauchten in der Tasche eines Diebes auf.*
The **needed** funds were provided by a local millionaire.	*Die benötigten Gelder wurden von einem hiesigen Millionär bereitgestellt.*

Die Kombination aus einem Adjektiv (Past Participle) und einem Substantiv kann daher auch als Passivsatz ausgedrückt werden:

The keys **that were lost** turned up in the pocket of a thief.	*Die Schlüssel, die verlorenen worden waren, tauchten in der Tasche eines Diebes auf.*
The funds **that were needed** were provided by a local millionaire.	*Die Gelder, die benötigt wurden, wurden von einem hiesigen Millionär bereitgestellt.*

Das Present Participle (die **ing**-Form eines Verbs) kann man ebenfalls als Adjektiv verwenden. Es deutet dabei oft auf ein Ereignis hin, das gerade im Gange ist, und besitzt meist eine Aktivbedeutung:

The falling tree hit Cassie's house.	*Der herunterfallende Baum traf Cassies Haus.*
Let sleeping dogs lie.	*Schlafende Hunde soll man nicht wecken.*

Sehr häufig übersetzt man ein Present Participle, das als Adjektiv gebraucht wird, auch mit einem Relativsatz ins Deutsche:

The losing team must pay for the beer.	*Die Mannschaft, die verliert, muss das Bier bezahlen.*

Beachten Sie, dass Adjektive, die eine Nationalität bezeichnen, genau wie die entsprechenden Substantive (▶ Groß- und Kleinschreibung) ebenfalls immer großgeschrieben werden:

Let's order an English breakfast. Bobby finally woke up from the American dream.	*Bestellen wir uns ein englisches Frühstück. Bobby wachte schließlich aus dem amerikanischen Traum auf.*

Die Steigerung der Adjektive

Die meisten einsilbigen und eine Reihe von zweisilbigen Adjektiven lassen sich wie folgt steigern:

tall	*groß*	**taller**	*größer*	**tallest**	*am größten*
late	*spät*	**later**	*später*	**latest**	*am spätesten*

Neben der Grundform besitzen Adjektive also eine so genannte Komparativform (Comparative) und eine Superlativform (Superlative). Man bildet den Komparativ bei den meisten einsilbigen Adjektiven und bei zweisilbigen Adjektiven, die auf **-le, -er, -ow** oder **-y** enden, in der Regel durch Anhängen von **-er** an die Grundform. Beim Superlativ hingegen hängt man **-est** an die Grundform des Adjektivs:

Vincent is tall, but Nick is taller. That elephant is the biggest. Harold's newest tie has red lobsters on a white background.	*Vincent ist groß, aber Nick ist größer. Der Elefant da ist der größte. Harolds neueste Krawatte hat rote Hummer auf einem weißen Hintergrund.*

!

Bei Adjektiven, die in der Grundform auf Konsonant + **y** enden, wird das **y** im Komparativ und Superlativ zu **i:**

funny ▶ **funn**ier ▶ **funn**iest   *witzig, merkwürdig*

No one is funnier than   *Keiner ist lustiger als Jerry Lewis.*
Jerry Lewis.

Es gibt aber auch einige unregelmäßig gebildete Steigerungsformen. Diese lernt man am besten auswendig:

Grundform	*Comparative*	*Superlative*	Übersetzung
bad	worse	worst	*schlecht, schlimm*
good	better	best	*gut*
well	better	best	*gesund*
far	farther, further	farthest, furthest	*weit*
little	less	least	*wenig*
much	more	most	*viel*
many	more	most	*viele*

The patient looked better after   *Nach einer Weile sah der Patient*
a while.   *besser aus.*
That was the worst day of my life!   *Das war der schlimmste Tag in*
          meinem Leben!

Die Steigerung mit *more* und *most*

Adjektive, die in der Grundform aus mehr als zwei Silben bestehen und die meisten zweisilbigen Adjektive, die nicht auf **-le, -er, -ow** oder **-y** enden, werden mit **more** im Komparativ und **most** im Superlativ gesteigert:

It was the most interesting thing   *Es war das interessanteste Ding der*
in the world!   *Welt!*
The painting became more   *Das Gemälde wurde jeden Tag schöner.*
beautiful every day.
This room is most comfortable.   *Dieser Raum ist am bequemsten.*

Bei einigen zweisilbigen Adjektiven sind beide Steigerungsformen möglich. Hier entscheidet oft das Sprachgefühl – beide Möglichkeiten sind jedoch grammatikalisch korrekt:

I have never seen a plan that was simpler! **I have never seen a plan that was more simple!**	*Ich habe noch nie einen einfacheren Plan gesehen!*

Einige zweisilbige, aus dem Lateinischen oder Griechischen stammende Adjektive werden ebenfalls mit **more** und **most** gesteigert:

Her style has become more modern. **Al isn't the most patient person.**	*Ihr Stil ist moderner geworden.* *Al ist nicht der geduldigste Mensch.*

Genauso steigert man die meisten Adjektive, die von der Partizipform eines Verbs abgeleitet werden, mit **more** und **most**:

The new clerk made the most glaring errors. **Ron thought geometry was more boring than biology, but Delia thought it was the most fascinating subject.**	*Der neue Sachbearbeiter machte die schlimmsten Fehler.* *Ron meinte, Geometrie sei langweiliger als Biologie, aber Delia meinte, es sei das faszinierendste Fach.*

Auch Adjektive, die die Zugehörigkeit zu einer bestimmten Gruppe (Nationalität, Religion, ...) ausdrücken, werden mit **more** und **most** gesteigert:

The immigrants were more French than the French themselves.	*Die Einwanderer waren französischer als die Franzosen selbst.*

Adjektive und Substantive

Meistens stehen Adjektive direkt vor einem Substantiv:

The furious passenger wanted his money back. **The small TV is more expensive.**	*Der wütende Passagier wollte sein Geld zurück.* *Der kleine Fernseher ist teurer.*

Es kann jedoch auch vorkommen, dass ein Adjektiv von einer Präposition und einem Objekt gefolgt wird. Da diese Kombination sehr lang ist, steht das Adjektiv in solch einem Fall nach dem Substantiv:

Parents proud of their children like to tell others about them.	*Eltern, die stolz auf ihre Kinder sind, erzählen gern anderen Leuten von ihnen.*
Anybody as furious about a delayed flight would want their money back, too.	*Jeder, der so wütend über einen verspäteten Flug ist, würde auch sein Geld zurückhaben wollen.*

Wenn das Substantiv überflüssig ist

Wenn bereits aus dem Zusammenhang klar wird, von welchem Substantiv die Rede ist, kann im Deutschen ein Adjektiv oft auch alleine stehen, zum Beispiel in dem Satz *Ich nehme den Gelben*. Dies ist im Englischen nicht möglich; hier müssen Adjektive immer in Verbindung mit einem Substantiv oder einem Pronomen stehen, wie beispielsweise dem Pronomen **one**:

I'll take the yellow one.	*Ich nehme den Gelben.*
Do you mean the fat one or the skinny one?	*Meinst du den Dicken oder den Dünnen?*

Adjektive nach Verben

Man kann Adjektive auch nach gewissen Verben wie **be** (*sein*), **seem** und **appear** (*scheinen, vorkommen*), **get** und **become** (*werden*) oder **stay** und **remain** (*bleiben*) verwenden. Dabei passen **seem, get** und **stay** besser zur gesprochenen Sprache als **appear, become** und **remain**:

You're crazy!	*Du bist verrückt!*
The book on basket weaving seemed interesting.	*Das Buch über Korbflechten schien interessant zu sein.*
You won't get rich that way.	*So wirst du nicht reich.*
The class remained quiet.	*Die Klasse blieb ruhig.*

Adjektive, die eine Farbe bezeichnen, stehen häufig nach dem Verb **turn** *(werden)*:

Julia turned red with embarrassment.	*Julia wurde vor Verlegenheit rot.*
When I washed my new jeans, the water turned blue – **and so did all the other clothes.**	*Als ich meine neue Jeans gewaschen habe, ist das Wasser blau geworden – und die andere Kleidung auch.*

Auch nach einigen Verben der Sinneswahrnehmung wie **look** *(aussehen)*, **sound** *(klingen/sich anhören)*, **taste** *(schmecken)*, **smell** *(riechen)* und **feel** *(sich anfühlen)* steht oft ein Adjektiv:

Everyone looked great.	*Alle haben toll ausgesehen.*
This old Easter egg smells rotten.	*Dieses alte Osterei stinkt.*
It felt right.	*Es fühlte sich richtig an.*

Die Adjektive *good*, *well* und *own*

Als Adjektive bedeuten **good** *gut* oder *brav* und **well** *gesund*. **Good** ist ein sehr allgemeines Wort mit vielen Anwendungen, während das Adjektiv **well** sich nur auf die Gesundheit bezieht:

They enjoyed the good meal.	*Sie haben das gute Essen genossen.*
The children were being good.	*Die Kinder waren im Moment brav.*
I don't feel well.	*Ich fühle mich krank.*
His old mother isn't looking well.	*Seine alte Mutter sieht zurzeit recht krank aus.*

Das Adjektiv **own** steht immer nach einem Possessivpronomen:

She makes all her own hats herself.	*Sie macht ihre Hüte alle selbst.*
I feel like a stranger in my own house.	*Ich fühle mich wie ein Fremder im eigenen Haus.*

Vergleiche

Die Komparativ- und Superlativformen der Adjektive werden oft benötigt, um Dinge miteinander zu vergleichen. Oft benutzt man beispielsweise den Komparativ, um zwei Dinge zu vergleichen, während man mit dem Superlativ mehrere Dinge vergleichen kann:

Geraldine is the older of the two sisters.	*Geraldine ist die ältere der zwei Schwestern.*
Geraldine is the oldest of the three sisters.	*Geraldine ist die älteste der drei Schwestern.*

Vergleiche mit *than*

Möchte man also zwei unterschiedliche Dinge miteinander vergleichen, so verwendet man oft den Komparativ und das Wörtchen **than** *(als)*:

Kate is happier than Stephanie.	*Kate ist glücklicher als Stephanie.*
My computer is more powerful than your computer.	*Mein Computer ist leistungsfähiger als dein Computer.*

Analog zu den Beispielen oben gibt es im Englischen auch die Konstruktion **less ... than** *(weniger ... als)*:

The stepsisters were less beautiful than Cinderella.	*Die Stiefschwestern waren nicht so schön wie Aschenputtel.*

Beachten Sie, dass Personalpronomen, die in Vergleichen alleine stehen, meist in der Objektform auftreten:

His brother is much taller than him.	*Sein Bruder ist viel größer als er.*

In Vergleichssätzen kann **than** auch einen Nebensatz einleiten. Dieser besteht häufig aus einem Subjekt und einem Hilfsverb:

Sarah looks older than Jessica does.	*Sarah sieht älter aus als Jessica.*

Anstelle des Hilfsverbs steht jedoch oft auch ein Vollverb:

Law is more interesting than it looks.	*Jura ist interessanter als man denkt.*

Vergleiche mit *as ... as*

Möchte man ausdrücken, dass zwei Dinge gleich sind, so verwendet man die Konstruktion **as ... as** zusammen mit der Grundform eines Adjektivs:

My pregnant cousin is as big as a house.	*Meine schwangere Kusine ist so rund wie eine Tonne.*
Gary looks as healthy as his father.	*Gary sieht so gesund aus wie sein Vater.*

Auch die verneinte Variante mit **not as ... as** ist möglich:

This house is not as big as that one.	*Dieses Haus ist nicht so groß wie das hier.*
You're not as beautiful as Snow White!	*Du bist nicht so schön wie Schneewittchen!*

> You're not as beautiful as Snow White!

Ebenso wie **than** kann das zweite **as** einen Nebensatz einleiten:

The soup tastes just as sweet as the cake does.	*Die Suppe schmeckt genauso süß wie der Kuchen.*
Their children are as fat as they are.	*Ihre Kinder sind genauso dick wie sie.*
Paddy was as pleasant as I had expected him to be.	*Paddy war so liebenswürdig wie ich ihn mir vorgestellt hatte.*

Am meisten

Nach einem Verb kann der Superlativ eines Adjektivs mit oder ohne
den bestimmten Artikel **the** stehen:

The old lady was (the) friendliest.   *Die alte Dame war am freundlichsten.*
That building is (the) most modern.   *Das Gebäude da ist am modernsten.*

Möchte man eine Gruppe nennen, aus der man ein Extrembeispiel in
der Superlativform hervorhebt, so fügt man die Gruppe mit **of** an.
Beachten Sie jedoch, dass der Superlativ in diesem Fall immer mit
dem bestimmten Artikel **the** steht:

Brady was the stupidest of our   *Brady war der dümmste unserer*
students.   *Studenten.*
That story was the funniest of all.   *Diese Geschichte war die witzigste*
   von allen.

Allgemeine Fragen

Eine sehr allgemeine Frage nach den Eigenschaften einer Sache ist die
Frage **What is it like?** *(Wie ist es?)*. Natürlich kann man diese Frage
durch bestimmte Zeitformen oder zum Beispiel auch in Verbindung mit
Modalverben entsprechend umgestalten:

What's the weather been like?   *Wie war das Wetter in letzter Zeit?*
What should the drawing be like?   *Wie soll die Zeichnung aussehen?*

Sehr ähnlich ist die Frage **How is it?** *(Wie ist es?)*. Beachten Sie
jedoch, dass man mit dieser Frage eher nach dem Empfinden des Ge-
sprächspartners fragt und darauf eine Beurteilung oder Einschätzung
seines Gegenübers erwartet:
How's the pumpkin salad?   *Wie ist der Kürbissalat?*

Vergleichen Sie die folgenden Gesprächssituationen:

Sprecher A	
What was the music like?	*Wie war die Musik?*
Sprecher B	
It was a mixture of jazz and blues.	*Es war eine Mischung aus Jazz und Blues.*

Sprecher A	
How was the music?	*Wie war die Musik?*
Sprecher B	
It was too loud, the pianist wasn't very good, but otherwise it was all right.	*Sie war zu laut, der Klavierspieler war nicht sehr gut, aber sonst war sie in Ordnung.*

Wenn man die Frage **How is/are...?** auf Personen bezieht, wird sie zu einer Frage nach deren Gesundheit oder Wohlbefinden:

How are your parents?	*Wie geht's deinen Eltern?*
Hi! How've you been?	*Hallo! Was treibst du so?*

Möchte man nach der Farbe von etwas fragen, so verwendet man **What colour...?** und eine entsprechende Form des Verbs **be**:

Sprecher A	
What colour is it?	*Welche Farbe hat es?*
Sprecher B	
It's blue and green.	*Es ist blau und grün.*

Fragen mit Verben der Sinneswahrnehmung

In Verbindung mit Verben der Sinneswahrnehmung haben allgemeine Fragen oft die Form **What ... like?**:

What does it look like?	*Wie sieht es aus?*
What did the perfume smell like?	*Wie hat das Parfüm gerochen?*

Leicht gemerkt!

Die Steigerung der Adjektive

- Einsilbige Adjektive und zweisilbige Adjektive, die auf **-le, -er, -ow** oder **-y** enden, werden im Komparativ durch Anhängen von **-er** und im Superlativ durch Anhängen von **-est** an die Grundform gesteigert:

cold	*kalt*	**cold**er	*kälter*	**cold**est	*am kältesten*
funny	*lustig*	**funn**ier	*lustiger*	**funn**iest	*am lustigsten*

Achten Sie auf die korrekte Schreibweise im Komparativ und Superlativ bei Adjektiven, die in der Grundform auf **-y** enden!

Leicht gemerkt!

- Adjektive, die in der Grundform aus mehr als zwei Silben bestehen und die meisten zweisilbigen Adjektive, die nicht auf **-le, -er, -ow** oder **-y** enden, werden mit **more** im Komparativ und **most** im Superlativ gesteigert:

beautiful	*schön*	**more beautiful**	*schöner*	**most beautiful**	*am schönsten*	
famous	*berühmt*	**more famous**	*berühmter*	**most famous**	*am berühmtesten*	

- Unregelmäßige Steigerungsformen lernen Sie am besten auswendig. Hier zwei Beispiele:

good	*gut*	**better**	*besser*	**best**	*am besten*
bad	*schlecht*	**worse**	*schlechter*	**worst**	*am schlechtesten*

Vergleiche

- Um zwei Dinge miteinander zu vergleichen, kann man die Formel **as ... as** zusammen mit der Grundform eines Adjektivs verwenden:

Molly is as busy as John.	*Molly ist so beschäftigt wie John.*

- Wenn man dagegen ausdrücken will, dass zwei Dinge nicht miteinander vergleichbar sind, kann man die Formel **as ... as** mit **not** verneinen:

John is not as beautiful as Molly.	*John ist nicht so hübsch wie Molly.*

- Möchte man zwei unterschiedliche Dinge miteinander vergleichen, dann benutzt man den Komparativ und **than** *(als)*:

Is John funnier than Molly?	*Ist John lustiger als Molly?*
Molly is more beautiful than John.	*Molly ist hübscher als John.*

> Vergleichen Sie doch einmal Ihre Kollegen, Freunde oder Familienmitglieder miteinander. So können Sie die Steigerungsformen der Adjektive und die Vergleichsformeln im Englischen ganz einfach üben!

9 | Adverbs – *Adverbien*

Der Unterschied zwischen Adjektiv und Adverb

Adjektive und Adverbien (Adverbs) haben im Deutschen dieselbe Form. Deshalb fällt es vielen Lernern oft schwer, die beiden Wortarten voneinander zu unterscheiden. Im Englischen haben viele Adverbien jedoch eine eigene Form, und darüber hinaus gibt es eine Reihe von weiteren Merkmalen, anhand derer man Adverbien von Adjektiven unterscheiden kann.

Adjektive bestimmen in der Regel immer ein Substantiv näher:

The little mouse was nervous.	*Die kleine Maus war nervös.*

Dagegen können Adverbien zum Beispiel ein Verb, ein Adjektiv, ein anderes Adverb oder sogar einen ganzen Satz näher bestimmen:

Adverb + Verb	
The jogger quickly ran into the house and immediately disappeared into the bathroom.	*Der Jogger lief schnell ins Haus und verschwand sofort ins Bad.*
Adverb + Adjektiv	
The rather relieved parents welcomed their extremely tardy son home.	*Die Eltern waren ganz erleichtert und hießen ihren Sohn, der sehr spät nach Hause kam, willkommen.*
Adverb + Adverb	
You've weeded the garden very thoroughly.	*Du hast den Garten aber sehr gründlich gejätet.*

Die Bildung von Adverbien

Die meisten Adverbien bildet man einfach durch Anhängen von **-ly** an die Grundform eines Adjektivs:

Adjektiv		Adverb	Übersetzung
quick	▶	quickly	*schnell*
beautiful	▶	beautifully	*schön*
bad	▶	badly	*schlecht*

Endet ein Adjektiv jedoch auf **-y** oder **-able/-ible**, so verändert sich auch die Schreibweise eines daraus abgeleiteten Adverbs wie folgt:

Adjektiv		Adverb	Übersetzung
tidy	▶	tidily	*sauber*
probable	▶	probably	*wahrscheinlich*
horrible	▶	horribly	*schrecklich*

Besonders in der Umgangssprache kann es gelegentlich auch vorkommmen, dass die Endung **-ly** einfach weggelassen wird:

He drank really quick.   *Er trank echt schnell.*

Wichtige Ausnahmen

Einige Adverbien haben dieselbe Form wie das entsprechende Adjektiv:

back	*zurück*	high	*hoch*
close	*nahe*	late	*spät*
deep	*tief*	left/right	*links/rechts*
early	*früh*	long	*lang*
enough	*genug*	near	*nah*
far	*weit*	right/wrong	*richtig/falsch*
fast	*schnell*	straight	*gerade, direkt*
hard	*kräftig, hart*		

Ob es sich also um ein Adjektiv oder ein Adverb handelt, muss man sich in diesem Fall jeweils aus dem Satzzusammenhang erschließen:

Adjektiv	
Their service is fast.	*Ihr Service ist schnell.*
But that hotel is too far from the train station.	*Aber das Hotel ist zu weit vom Bahnhof entfernt.*
Who knows the right answer?	*Wer weiß die richtige Antwort?*
Adverb	
Our new secretary types very fast.	*Unsere neue Sekretärin kann sehr schnell tippen.*
On a clear day you can see far.	*Bei klarem Wetter kann man weit sehen.*
Can't you do anything right?	*Kannst du denn nichts richtig machen?*

Einige der oben genannten Wörter bilden dennoch ein Adverb auf **-ly**, dieses hat aber eine ganz andere Bedeutung:

hardly	*kaum*
nearly	*beinahe/fast*
lately	*kürzlich/vor kurzem*

I hardly know him!	*Ich kenne ihn kaum!*
They nearly missed the train.	*Sie hätten fast den Zug verpasst.*
She's done a lot of charity lately.	*Sie hat kürzlich bei vielen Wohltätigkeitsaktionen mitgemacht.*

Well

Das Wort **well** wird im Englischen unterschiedlich gebraucht. **Well** bedeutet als Adverb *gut*, während es als Adjektiv die Bedeutung *gesund* hat:

Adjektiv	
He was well when I was there.	*Als ich dort war, war er gesund.*
Adverb	
They did their work well.	*Sie machten ihre Arbeit gut.*

> In der gesprochenen Sprache benutzt man **well** auch als Verlegenheitswort, im Sinne von *nun* oder etwa *ähm*:
> **Well**, sometimes it's hard to see.   *Nun, manchmal ist es schwer zu erkennen.*
> **Well**... can I ask you something?   *Ähm... kann ich Dich was fragen?*

Adjektive mit der Endung *-ly*

Es gibt eine Reihe von Adjektiven, die bereits auf **-ly** enden, wie zum Beispiel **elderly** *(betagt)*, **sickly** *(kränklich)*, **kindly** *(liebenswürdig)*, **likely** *(wahrscheinlich)* und **friendly** *(freundlich)*. Von diesen Adjektiven kann man kein Adverb ableiten, das heißt man kann sie auch nur als Adjektive benutzen:

A nurse takes care of their sickly child.	*Eine Krankenschwester pflegt ihr kränkliches Kind.*
A kindly woman helped us.	*Eine liebenswürdige Frau hat uns geholfen.*
It was likely that they would start fighting again.	*Sehr wahrscheinlich würden sie wieder anfangen zu streiten.*
There comes that friendly man with his dachshund.	*Da kommt dieser freundliche Herr mit seinem Dackel.*

Wenn man ein Adverb mit der Bedeutung *wahrscheinlich* verwenden möchte, greift man am besten auf **probably** zurück. Man kann aber auch **more likely** und **most likely** als gesteigerte Adverbien benutzen:

They probably went home already.	*Wahrscheinlich sind sie schon nach Hause gegangen.*
Eric most likely was after the ice cream.	*Sehr wahrscheinlich hatte es Eric auf das Eis abgesehen.*

Friendly

Da sich von dem Adjektiv **friendly** kein Adverb ableiten lässt, muss man eine Umschreibung wählen, wenn man trotzdem eine adverbiale Bedeutung ausdrücken möchte. Hier eignen sich Konstruktionen wie **in a friendly way** oder das etwas formellere **in a friendly manner**:

Whitney looked up in a friendly manner.	*Whitney schaute freundlich auf.*
The business partners shook hands in a friendly way.	*Die Geschäftspartner gaben sich freundlich die Hand.*

Home

In bestimmten Zusammenhängen kann man das Wort **home** als Adverb benutzen. **Home** gibt dann eine Richtung an und bedeutet *nach Hause*:

Ray got fed up and went home.	*Ray hatte die Nase voll und ging nach Hause.*
Everybody was driving home from vacation on the same day.	*Alle fuhren am selben Tag aus dem Urlaub nach Hause.*

Ansonsten wird **home** oft in Verbindung mit der Präposition **at** verwendet: **At home** bedeutet *zu Hause*. Besonders im Amerikanischen Englisch kann man **at** vor allem nach den Verben **be, stay** und **remain** auch weglassen:

Many college students live at home with their parents.	*Viele Studenten wohnen zu Hause bei ihren Eltern.*
They were home but refused to open the door.	*Sie waren zu Hause, aber wollten nicht aufmachen.*

Die Steigerung der Adverbien

Ähnlich wie bei den Adjektiven (▶ Die Steigerung der Adjektive) werden einsilbige Adverbien sowie das Adverb **early** *(früh)* im Komparativ durch Anhängen von **-er** und im Superlativ durch Anhängen von **-est** gesteigert:

Grundform	*Comparative*	*Superlative*	Übersetzung
close	clos**er**	clos**est**	*nahe*
fast	fast**er**	fast**est**	*schnell*
hard	hard**er**	hard**est**	*hart, kräftig*
wide	wid**er**	wid**est**	*weit, breit*
earl**y**	earl**ier**	earl**iest**	*früh*

Adverbien mit zwei oder mehr Silben steigert man dagegen mit **more** und **most**:

Grundform	*Comparative*	*Superlative*	Übersetzung
beautifully	**more** beautifully	**most** beautifully	*schön*
effectively	**more** effectively	**most** effectively	*effektiv, wirkungsvoll*

He sang the most beautifully.   Er sang am schönsten.

Natürlich gibt es auch bei den Adverbien einige unregelmäßige Steigerungsformen:

Grundform	*Comparative*	*Superlative*	Übersetzung
badly	worse	worst	*schlecht*
far	farther, further	farthest, furthest	*weit*
little	less	least	*wenig*
much	more	most	*viel*
well	better	best	*gut*

Am besten lernen Sie diese unregelmäßigen Adverbien einfach auswendig. Hier noch ein paar Beispiele:

The sound of jets overhead bothers us less than our neighbours' music.
Der Lärm von Düsenflugzeugen stört uns weniger als die Musik unserer Nachbarn.

I liked her third novel the most.
Mir hat ihr dritter Roman am besten gefallen.

Adverbien im Satz

Während Adverbien, die ein Adjektiv oder ein anderes Adverb näher bestimmen, meist unmittelbar vor dem entsprechenden Wort stehen, können Adverbien, die ein Verb oder auch einen ganzen Satz näher bestimmen, an unterschiedlichen Positionen im Satz vorkommen.

Adverbien der Art und Weise können im Satz oft vor einem Verb stehen:

Dustin had carefully brushed his coat.	*Dustin hatte seinen Mantel sorgfältig gebürstet.*
Ruby cheerfully hummed a song.	*Ruby summte fröhlich ein Lied.*

Sie können jedoch auch nach dem Objekt des Verbs stehen. Besitzt das entsprechende Verb kein Objekt, so kann man das Adverb direkt nach dem Verb einsetzen:

Dustin had brushed his coat carefully.	*Dustin hatte seinen Mantel sorgfältig gebürstet.*
Ruby hummed a song cheerfully.	*Ruby summte fröhlich ein Lied.*
The police appeared quickly.	*Die Polizei erschien schnell.*

! Beachten Sie jedoch, dass das Adverb nie zwischen dem Verb und dem Objekt stehen kann.

Adverbien der Häufigkeit stehen meistens unmittelbar vor oder direkt nach dem (ersten) Hilfsverb im Satz. Ist kein Hilfsverb vorhanden, so steht das Adverb zwischen dem Subjekt des Satzes und dem Vollverb:

Jo would never do such a thing.	*Jo würde so was nie machen.*
I sometimes have seen him there.	*Ich habe ihn manchmal dort gesehen.*
The train usually arrives on time.	*Der Zug kommt meistens pünktlich an.*

Die Adverbien **always** *(immer)*, **usually** *(meistens)*, **often** *(oft)*, **frequently** *(häufig)*, **sometimes** *(manchmal)* und **occasionally** *(gelegentlich)* können zur Betonung auch am Satzanfang stehen:

Usually the train arrives on time, but where is it today?	*Meistens kommt der Zug pünktlich an, aber wo bleibt er denn heute?*
Occasionally they visit Marcus, but more often they stay at home and gossip about him.	*Gelegentlich besuchen sie Marcus, aber viel öfter bleiben sie zu Hause und tratschen über ihn.*
Frequently they met at their local pub.	*Häufig trafen sie sich in der Kneipe um die Ecke.*
Sometimes they even went to the cinema together.	*Manchmal gingen sie sogar zusammen ins Kino.*

Auch Adverbien mit einer negativen Bedeutung, wie zum Beispiel **never** *(niemals)*, können am Satzanfang stehen (▶ Wörter mit negativer Bedeutung). Beachten Sie jedoch, dass dabei das Subjekt und das Hilfsverb ihre Position im Satz tauschen:

Never had I felt so embarrassed! *Nie habe ich mich so geschämt!*

Dasselbe geschieht auch bei Adverbien der Zeit, des Ortes oder der Richtung, zum Beispiel also bei **here, now, down, up** oder **there**:

Here comes the bus.	*Da kommt der Bus.*
Now is the time to say goodbye.	*Jetzt ist es an der Zeit, sich zu verabschieden.*
Down came the rain.	*Da fiel der Regen literweise!*
There stood a confused student.	*Da stand ein verwirrter Schüler.*

Leicht gemerkt!

Im Gegensatz zu Adjektiven, die meist ein Substantiv näher bestimmen, können Adverbien ein Verb, ein Adjektiv, ein anderes Adverb oder einen ganzen Satz näher bestimmen.

Die Bildung von Adverbien

Die meisten Adverbien werden durch Anhängen von **-ly** an die Grundform eines Adjektivs gebildet:

Adjektiv		Adverb	Übersetzung
quick	▶	quick**ly**	*schnell*
beautiful	▶	beautiful**ly**	*schön*

Achten Sie bei Adjektiven auf **-y** oder **-able/-ible** auf die korrekte Schreibweise der daraus abgeleiteten Adverbien:

Adjektiv		Adverb	Übersetzung
tidy	▶	tidily	*sauber*
probable	▶	probably	*wahrscheinlich*

Unregelmäßige Adverbien wie zum Beispiel **well** *(gut)*, **fast** *(schnell)* oder **back** *(zurück)* lernen Sie am besten auswendig.

Die Steigerung der Adverbien

Einsilbige Adverbien und das Adverb **early** *(früh)* werden im Komparativ durch Anhängen von **-er** und im Superlativ durch Anhängen von **-est** gesteigert:

fast	*schnell*	faster	*schneller*	fastest	*am schnellsten*
early	*früh*	earlier	*früher*	earliest	*am frühsten*

Adverbien mit zwei oder mehr Silben steigert man mit **more** und **most**:

clearly	*deutlich*	more clearly	*deutlicher*	most clearly	*am deutlichsten*
carefully	*vorsichtig*	more carefully	*vorsichtiger*	most carefully	*am vorsichtigsten*

Unregelmäßige Steigerungsformen wie etwa die folgenden lernen Sie am besten auswendig:

well	*gut*	better	*besser*	best	*am besten*
badly	*schlecht*	worse	*schlechter*	worst	*am schlechtesten*

10 | Coordinating Conjunctions – *Beiordnende Konjunktionen*

And, but und *or*

Die Konjunktionen **and** *(und)*, **but** *(aber)* und **or** *(oder)* können sowohl Hauptsätze als auch andere Satzteile miteinander verbinden:

Verbindung von Hauptsätzen

Carol chose a book on difficult parents, and her mother chose one on difficult children.	*Carol suchte sich ein Buch über schwierige Eltern aus, und ihre Mutter suchte sich eins über schwierige Kinder aus.*
The boy wanted an ice-cream cone, but his parents wouldn't buy him one before dinner.	*Der Junge wollte ein Eis, aber seine Eltern weigerten sich, ihm eins vor dem Abendessen zu kaufen.*
Perhaps Jerry was looking for a raccoon, or perhaps he was going to dig holes in the flower garden.	*Vielleicht hat Jerry nach einem Waschbär gesucht, oder vielleicht ist er auch Löcher im Blumengarten graben gegangen.*

Verbindung von anderen Satzteilen

We looked for Perry in his room, but not under the bed.	*Wir haben Perry in seinem Zimmer gesucht, aber nicht unterm Bett.*
My cat loves strawberries and cream, or at least the cream.	*Meine Katze liebt Erdbeeren mit Sahne – oder zumindest die Sahne.*

Both ... and, either ... or und *neither ... nor*

Auch mit den Formeln **both ... and** *(sowohl ... als auch)*, **either ... or** *(entweder ... oder)* und **neither ... nor** *(weder ... noch)* kann man zwei Satzteile miteinander verbinden:

Both our dog and our cat love to go for walks.	*Sowohl unser Hund als auch unsere Katze gehen gern spazieren.*
Either we swim or we're stuck.	*Entweder wir schwimmen, oder wir sitzen fest.*
The travellers found neither an oasis nor the promised camels.	*Die Reisenden fanden weder eine Oase noch die versprochenen Kamele vor.*

Wenn man zwei Hauptsätze mit **neither ... nor** verbinden möchte, muss man darauf achten, dass **neither** im ersten Satz nach dem Subjekt steht und im zweiten Satz nach **nor** ein Hilfsverb vor dem Subjekt stehen muss:

Sylvia neither intended to get married, nor did she approve of living together.	*Sylvia hatte weder vor zu heiraten, noch hielt sie viel vom Zusammenleben.*

Leicht gemerkt!

Merken Sie sich die folgenden Konjunktionen, mit denen man zwei Hauptsätze miteinander verbinden kann:

and	*und*	**but**	*aber*
or	*oder*	**for**	*denn*

Achten Sie bei den Kombinationen **both ... and, either ... or** und **neither ... nor** darauf, dass diese immer zwei *gleichwertige* Satzteile miteinander verbinden, also immer zwei Substantive, Verben, Adjektive usw. oder zum Beispiel eben zwei ganze Sätze.

11 | Sentence Structure – *Satzbau*

Der Aussagesatz

Im Deutschen können Aussagesätze entweder von einem Subjekt oder von einer Satzergänzung (zum Beispiel von einem Objekt oder einer adverbialen Ergänzung) eingeleitet werden. Beginnt ein Satz mit einer Satzergänzung, so rückt das konjugierte Verb vor das Subjekt des Satzes: *Lebensmittel kaufen wir immer im Supermarkt.*

Auch im Englischen können Aussagesätze mit einer Satzergänzung anfangen, das Subjekt des Satzes steht dabei dennoch immer vor dem konjugierten Verb:

After the conference some of us went out for a drink.	*Nach der Konferenz sind einige von uns etwas trinken gegangen.*
The chewing gum, she liked; the cream pie, she didn't like.	*Den Kaugummi mochte sie, die Cremetorte mochte sie nicht.*

Auch wenn ein Satz mit einem Nebensatz beginnt, steht das Subjekt des Hauptsatzes im Englischen vor dem konjugierten Verb:

Although it was late, we didn't go home.	*Obwohl es spät war, sind wir nicht nach Hause gegangen.*

Die Stellung der Satzelemente

In der Regel bestehen einfache Aussagesätze im Englischen aus einem Subjekt, gefolgt von einem Verb und einem oder mehreren Objekten. Sie haben also die folgende Struktur:

Subjekt	✚	Verb	✚	Objekt

Zusätzlich gibt es jedoch eine Reihe von Satzergänzungen, mit denen man einen Aussagesatz erweitern kann, wie zum Beispiel adverbiale Bestimmungen. Beachten Sie dabei die richtige Reihenfolge im Satz: Nach dem Objekt folgt in der Regel, sofern vorhanden, eine adverbiale Bestimmung der *Art und Weise*, dann eine Bestimmung des *Ortes*, und schließlich eine adverbiale Bestimmung der *Zeit*. Natürlich enthält nicht jeder Aussagesatz all diese Satzergänzungen gleichzeitig, achten Sie aber dennoch immer auf die richtige Reihenfolge:

Rick ate at the restaurant on Tuesday.	*Rick hat am Dienstag im Restaurant gegessen.*
The guru explained yoga to his pupils.	*Der Guru erklärte seinen Schülern Yoga.*
The cook chased the intruders quickly out of the kitchen that day.	*An jenem Tag jagte die Köchin die Eindringlinge schnell aus der Küche.*

Darüber hinaus gilt, dass längere Satzelemente eher am Ende eines Aussagesatzes stehen. Auch Nebensätze tauchen oft am Satzende auf, obwohl man sie vielleicht an einer anderen Stelle erwarten würde:

I finally found the missing papers yesterday where no one would ever think to look.	*Schließlich habe ich die Papiere gestern dort gefunden, wo es niemandem in den Sinn käme zu schauen.*

Indirekte Fragesätze

Nebensätze, die eine Frage beinhalten, bezeichnet man als indirekte Fragesätze. Diese werden in der Regel von Verben wie **ask** *(fragen)*, **wonder** *(sich fragen)*, **know** *(wissen)* etc. und einem Fragewort (**who, where, when, what, how**, ...) eingeleitet:

I asked you this morning what you would like to do this week-end.	*Ich habe dich heute Morgen gefragt, was Du am Wochenende gerne machen möchtest.*
Francis wondered why Pete didn't bring his collection of CDs.	*Francis fragte sich, warum Pete seine CD-Sammlung nicht mitgebracht hatte.*
She didn't know how her sister managed to get there in time.	*Sie wusste nicht, wie ihre Schwester es schaffen konnte, rechtzeitig dort zu sein.*

Indirekte Fragesätze, auf die man mit *ja* oder *nein* antworten kann, leitet man jedoch anders ein:

He asked his girlfriend if she had seen that film.	*Er fragte seine Freundin, ob sie den Film schon gesehen hatte.*
She asked whether I ski.	*Sie fragte, ob ich Ski fahre.*

If und **whether** bedeuten also beide *ob*:

I'm not sure if we need cheese for the pizza.	*Ich bin mir nicht sicher, ob wir Käse für die Pizza brauchen.*
They hadn't heard whether Karen was working in town.	*Sie hatten nicht gehört, ob Karen in der Stadt arbeitet.*

Die Wörter **if** und **whether** haben grundsätzlich dieselbe Bedeutung, wobei **whether** etwas formeller klingt.

Leicht gemerkt!

Die Satzstellung im Englischen

Merken Sie sich die Reihenfolge der Satzteile in englischen Aussage-sätzen:

Subjekt	✛	**Verb**	✛	**Objekt**	✛	**Ergänzung**

Sie können sich auch nur die Anfangsbuchstaben merken, diese erge-ben die Formel **S V O E**. Denken Sie dabei doch einfach an die **S**tra-ßen**V**erkehrs**O**rdnung und eine **E**rgänzung!

Indirect Speech – *Indirekte Rede*

Neben der direkten Rede (direct speech) gibt es auch die Möglichkeit davon zu berichten, was eine Person gesagt hat. Dies geschieht in der Regel mit einem Nebensatz, der durch **that** *(dass)* eingeleitet wird und in der so genannten indirekten Rede (indirect speech) steht:

Direct speech	She said, "Rover bit the policeman."
Indirect speech	She said that Rover had bitten the policeman.

Die Anpassung der Zeitformen

Die Zeitformen der Verben in der indirekten Rede richten sich nach der jeweiligen Zeitform des Verbs im Hauptsatz: Steht das Verb im Hauptsatz in der Gegenwart (also im Simple Present oder auch im Present Perfect) oder in der Zukunft (zum Beispiel in der Zukunft mit **will**), dann werden die Zeitformen der Verben in der indirekten Rede nicht verändert. Steht das Verb im Hauptsatz jedoch in der Vergangenheit (zum Beispiel im Simple Past), dann verändern sich die Zeitformen der Verben in der indirekten Rede: So wird beispielsweise aus dem Simple Present in der indirekten Rede das Simple Past, und aus dem Simple Past wird das Past Perfect (die Vorvergangenheit). Hier sehen Sie einige Beispiele:

Hauptsatz in der Gegenwart oder Zukunft	
He says that the painting is finished.	*Er sagt, dass das Gemälde fertig ist.*
They have often told me that they plan to import coconuts.	*Sie haben mir oft erzählt, dass sie vorhaben, Kokosnüsse zu importieren.*
She will want to know what you've done.	*Sie wird wissen wollen, was ihr getan habt.*

Hauptsatz in der Vergangenheit	
Aus Simple Present wird Simple Past:	
The painting is finished. ▶ He said that the painting was finished.	*Das Gemälde ist fertig.* *Er sagte, dass das Gemälde fertig sei.*
Aus Simple Past wird Past Perfect:	
France won the game. ▶ She said that France had won the game.	*Frankreich gewann das Spiel.* *Sie sagte, dass Frankreich das Spiel gewonnen hatte.*

Modalverben in der indirekten Rede

Auch Modalverben wie **can, will, may** oder **shall** werden in der indirekten Rede verändert, wenn das Verb des Hauptsatzes in der Vergangenheit steht. Aus **can** wird dabei **could**, **will** wird zu **would**, **may** zu **might**, und **shall** wird zu **should**:

"I can read minds!"	*„Ich kann Gedanken lesen!"*
▷ **Elliot claimed that he could read minds.**	*Elliot behauptete, dass er Gedanken lesen könne.*
"What will they do next?"	*„Was werden sie wohl als Nächstes tun?"*
▷ **We wondered what they would do next.**	*Wir haben uns gefragt, was sie wohl als Nächstes tun würden.*
"It may be difficult to find."	*„Es könnte schwer zu finden sein."*
▷ **She said that it might be difficult to find.**	*Sie sagte, dass es schwer zu finden sein könnte.*
"Shall we go to the beach?"	*„Sollen wir an den Strand gehen?"*
▷ **Pete asked me whether we should go to the beach.**	*Pete fragte mich, ob wir an den Strand gehen sollen.*

Pronomen in der indirekten Rede

Achten Sie bei der indirekten Rede außerdem darauf, dass Pronomen sich ebenfalls ändern können, je nachdem, aus welcher Perspektive berichtet wird. Ein Satz wie **I see him** kann also in der indirekten Rede unterschiedlich wiedergegeben werden:

"I see him."	*„Ich sehe ihn."*
▷ **I said that I saw him.**	*Ich sagte, dass ich ihn gesehen habe.*
▷ **You said that you saw him.**	*Du sagtest, dass du ihn gesehen hast.*
▷ **Anne said that she saw him.**	*Anne sagte, dass sie ihn gesehen hat.*

Die Anpassung der Zeitformen in der indirekten Rede

In der nachfolgenden Tabelle sehen Sie, wie sich die Zeitformen der Verben in der indirekten Rede verändern, wenn das Verb im Hauptsatz in der Vergangenheit steht:

Direkte Rede	Indirekte Rede
Simple Present ▶	**Simple Past**
"I have a new car." *„Ich habe ein neues Auto."*	**She said that she had a new car.** *Sie sagte, dass sie ein neues Auto habe.*
Present Progressive ▶	**Past Progressive**
"She is working on it." *„Sie arbeitet gerade daran."*	**He told me that she was working on it.** *Er sagte mir, dass sie gerade daran arbeite.*
Present Perfect ▶	**Past Perfect**
"He has never been to Paris." *„Er war noch nie in Paris."*	**She said that he had never been to Paris.** *Sie sagte, dass er noch nie in Paris war.*
Simple Past ▶	**Past Perfect**
"I went to the theatre." *„Ich ging ins Theater."*	**He said that he had gone to the theatre.** *Er sagte, dass er ins Theater gegangen sei.*
Past Progressive ▶	**Past Perfect Progressive**
"She was looking at me." *„Sie sah mich an."*	**He said that she had been looking at him.** *Er sagte, dass sie ihn angesehen habe.*
will ▶	*would*
"It will rain tomorrow." *„Morgen wird es regnen."*	**She told us that it would rain tomorrow.** *Sie sagte uns, dass es morgen regnen würde.*
can ▶	*could*
"I can help you!" *„Ich kann dir helfen!"*	**He said that he could help me.** *Er sagte, dass er mir helfen könne.*
may ▶	*might*
"It may be difficult." *„Es könnte schwierig sein."*	**She said that it might be difficult.** *Sie sagte, dass es schwierig sein könnte.*

Adverbiale Nebensätze

Adverbiale Nebensätze haben in etwa dieselbe Funktion wie Adverbien – sie können einen Satz näher bestimmen. Die Wortfolge in adverbialen Nebensätzen ist meist dieselbe wie in Aussagesätzen (▶ Der Aussagesatz).

Adverbien

Therefore the glass was empty.　　*Deshalb war das Glas leer.*
Something will happen soon.　　*Bald wird etwas passieren.*

Adverbiale Nebensätze

Because my friend had passed by and seen the wine, the glass was empty.　　*Weil mein Freund vorbeigekommen war und den Wein gesehen hatte, war das Glas leer.*

Something will happen when the monkeys are let out of the cage.　　*Wenn die Affen aus dem Käfig gelassen werden, wird etwas passieren.*

Zukünftige Ereignisse werden in adverbialen Nebensätzen selten mit **will** oder **shall** ausgedrückt. Man benutzt hier eher das Simple Present:

As soon as you get home, turn on the heater.　　*Sobald du heimkommst, dreh die Heizung auf.*

Before the players take the field, the coach will remind them of the strategy.　　*Bevor die Spieler auf das Feld kommen, erinnert sie der Trainer an ihre Strategie.*

Konditionalsätze

Nebensätze, die von der Konjunktion **if** *(wenn/falls)* eingeleitet werden, bezeichnet man als konditionale Nebensätze oder Konditionalsätze (conditional clauses). Sie drücken meist eine Möglichkeit oder Bedingung aus:

We can go to the zoo if you want.　　*Wir können in den Zoo gehen, wenn du willst.*

If it rains today, I'll stay at home.　　*Wenn es heute regnet, bleibe ich daheim.*

Verwechseln Sie **if** jedoch nicht mit der Konjunktion **when** *(wenn/als)*! **When** drückt keine Bedingung aus, sondern hat immer einen zeitlichen Bezug:

When you see Gina tonight, give her this book for me.	*Wenn du Gina heute abend siehst, gib ihr dieses Buch von mir.*
I always stay at home when it rains.	*Ich bleibe immer zu Hause, wenn es regnet.*

Steht der Nebensatz in der Vergangenheit, dann übersetzt man **when** auch häufig mit *als*:

We were glad when they left.	*Wir waren froh, als sie gingen.*
When he started to sing, everyone left the room.	*Als er anfing zu singen, verließen alle den Raum.*

In den folgenden beiden Sätzen kann man den Unterscheid zwischen **when** und **if** noch einmal deutlich erkennen:

When you get up tomorrow, call me up.	*Sobald du morgen aufstehst, ruf mich an.*
If you get up tomorrow, call me up.	*Falls du morgen aufstehst, ruf mich an.*

Zeitformen in Konditionalsätzen

Im Allgemeinen können Konditionalsätze sowohl in der Gegenwart als auch in der Vergangenheit stehen:

If she's tired, let her go to bed.	*Wenn sie müde ist, lass sie ins Bett gehen.*
If they've been doing their homework, why are they covered with dirt?	*Wenn sie gerade ihre Hausaufgaben gemacht haben, warum sind sie dann mit Dreck verschmiert?*
If she was tired, she didn't say so.	*Wenn sie müde war, so hat sie es nicht gesagt.*
If they were sleeping at the time, the telephone surely woke them up.	*Wenn sie um diese Zeit geschlafen haben, so hat sie das Telefon ganz sicher geweckt.*

Reale Bedingungen

Möchte man mit einem Konditionalsatz eine reale Bedingung zum Ausdruck bringen, dann steht das Verb im **if**-Satz in der Regel im Simple Present und das Verb im Hauptsatz in der Zukunft mit **will**:

If that dog bites me, I'll sue you.	*Falls mich dieser Hund beißt, werde ich Sie verklagen.*
If you go to Russia next year, I will go to the States.	*Wenn Du nächstes Jahr nach Russland fährst, fahre ich in die Staaten.*

Um auszudrücken, dass das Ereignis im **if**-Satz geplant oder vorhergesagt ist, kann man auch die Formel **be going to** benutzen:

If they are going to tear down that hotel, it must not be doing well.	*Wenn sie vorhaben, das Hotel abzureißen, dann läuft das Geschäft dort wahrscheinlich nicht gut.*
If prices are going to rise, we should stock up on chocolate bars.	*Wenn es stimmt, dass die Preise steigen werden, sollten wir uns einen Vorrat an Schokoladenriegeln zulegen.*

Normalerweise benutzt man **will** nicht im Konditionalsatz, außer man möchte eine höfliche Bitte zum Ausdruck bringen:

If you will just close the window, we can get started.	*Wenn Sie das Fenster zumachen wollen, können wir anfangen.*
If Jasper will do the washing, the others can concentrate on the repairs.	*Wenn Jasper bereit ist die Wäsche zu waschen, können sich die anderen auf die Reparaturen konzentrieren.*

Irreale Bedingungen

Auch eine irreale Bedingung kann man mit einem Konditionalsatz ausdrücken. In diesem Fall steht das Verb im **if**-Satz im Simple Past und das Verb im Hauptsatz im Conditional II (**would** + Infinitiv):

If I were an ostrich, I would run 50 km every day.	*Wenn ich ein Strauß wäre, würde ich jeden Tag 50 km laufen.*
If Jackie had more money, we would buy a yacht.	*Wenn Jackie mehr Geld hätte, würden wir eine Jacht kaufen.*

Irreale Bedingungen in der Vergangenheit

Liegt eine irreale Bedingung in der Vergangenheit, dann steht das
Verb im **if**-Satz im Past Perfect und das Verb im Hauptsatz im Conditional Past (**would/could** + **have** + Past Participle):

If **I** had been **an ostrich at the time, I** would have run **50 km every day.**	*Wenn ich damals ein Strauß gewesen wäre, wäre ich jeden Tag 50 km gelaufen.*
If **Anne** hadn't brought **the drinks, we** couldn't have held **the party.**	*Wenn Anne die Getränke nicht gebracht hätte, hätten wir das Fest nicht feiern können.*

Leicht gemerkt!

Konditionalsätze

Merken Sie sich die drei unterschiedlichen Arten von Konditional-
sätzen und ihre jeweilige Zeitenfolge im Englischen:

Reale Bedingungen

if-Satz: **Simple Present**	*Hauptsatz:* **will** + Infinitiv
If **I** have **time tomorrow,** *Wenn ich morgen Zeit habe,*	I will come **to see you.** *dann komme ich dich besuchen.*

Irreale Bedingungen

if-Satz: **Simple Past**	*Hauptsatz:* **would** + Infinitiv
If **I** had **a thousand pounds,** *Wenn ich tausend Pfund hätte,*	I would go **on a holiday.** *dann würde ich in den Urlaub fahren.*

Irreale Bedingungen in der Vergangenheit

if-Satz: **Past Perfect**	*Hauptsatz:* **would/could have** + **Past Participle**
If **we** hadn't lost **all our money,** *Wenn wir nicht all unser Geld verlo- ren hätten,*	we could have bought **a new car.** *dann hätten wir uns ein neues Auto kaufen können.*

Beginnt ein Konditionalsatz mit dem **if**-Satz, dann wird dieser immer durch ein Komma vom Hauptsatz getrennt. Steht jedoch der Hauptsatz vorne, dann schließt man den **if**-Satz direkt ohne Komma an. Außerdem kann man Konditionalsätze immer umstellen, das heißt man kann zuerst den Hauptsatz und danach den **if**-Satz nennen, oder umgekehrt.

Weitere adverbiale Nebensätze

- Adverbiale Nebensätze können zeitliche Verhältnisse beschreiben:

After Colin had his coffee, he read the newspaper.	*Nachdem Colin seinen Kaffee getrunken hatte, las er die Zeitung.*
Before Alberta went to work, she called five clients.	*Bevor Alberta zur Arbeit ging, hat sie noch fünf Kunden angerufen.*
As soon as the results are made public, the company will act.	*Sobald die Ergebnisse bekannt gegeben worden sind, wird die Firma handeln.*
Since he's been here, there's been nothing but trouble.	*Seitdem er hier ist, hat's nichts als Ärger gegeben.*
As long as Perry thinks you're here, he won't get suspicious.	*Solange Perry glaubt, dass du hier bist, wird er nicht stutzig werden.*

Die englische Entsprechung des deutschen Wortes *während* ist **while**.

Im gehobenen Sprachgebrauch sagt man im britischen Englisch anstatt **while** selten auch **whilst**.

While Naomi was singing in the bathtub, the man left with the contents of her wallet.	*Während Naomi noch in der Badewanne sang, ist der Mann mit dem Inhalt ihrer Brieftasche verschwunden.*
Whilst Moira played the piano, Francis worked in the garden.	*Während Moira Klavier spielte, arbeitete Francis im Garten.*

- Es gibt noch eine Reihe weiterer adverbialer Nebensätze, die sonstige Umstände (wie zum Beispiel Ursachen, Gründe, Bedingungen, ...) beschreiben:

Because there was a lot of snow last night, we have to stay indoors today.	*Weil es letzte Nacht viel geschneit hat, müssen wir heute drinnen bleiben.*
Since you think you're so smart, you can finish the work yourself.	*Da du dich für so gescheit hältst, kannst du die Arbeit selber zu Ende machen.*
Although Tim wanted a car, he only bought himself a bike.	*Obwohl Tim ein Auto wollte, kaufte er sich nur ein Fahrrad.*
Unless the weather improves, we'll have to stay indoors.	*Falls das Wetter nicht besser wird, werden wir drinnen bleiben müssen.*
As long as you're here, you can help me with the chores.	*Wenn du sowieso da bist, kannst du mir im Haushalt helfen.*
So long as Patsy and Mark don't try to climb the trees, they can come too.	*Solange Patsy und Mark nicht versuchen auf die Bäume zu klettern, dürfen sie auch mitkommen.*

Infinitivsätze

Auch der Infinitiv mit **to** kann innerhalb eines Satzes einen Nebensatz einleiten. Nach **to** steht entweder der Infinitiv eines Vollverbs oder der eines Hilfsverbs mit darauf folgendem Vollverb.

Infinitivsätze stehen meist nach bestimmten Verben, Adjektiven oder Substantiven, die den Infinitiv mit **to** nach sich ziehen:

We **meant to send** you a card.	*Wir hatten vor, euch eine Karte zu schicken.*
My parents would be **sorry to have to see** you again.	*Meine Eltern würden es bedauern, dich wieder sehen zu müssen.*
Greta Garbo's **desire to be** alone disappointed her fans.	*Greta Garbos Wunsch alleine zu sein, enttäuschte ihre Fans.*
It would have been **embarrassing to have danced** badly.	*Es wäre peinlich gewesen, schlecht getanzt zu haben.*

Bei manchen Verben kann vor dem darauf folgenden Infinitivsatz ein Objekt stehen:

I asked the committee **to pay for it.**	*Ich habe das Komitee darum gebeten, es zu bezahlen.*
The owner told the rowdy customers **to get out of the bar.**	*Der Besitzer forderte die randalierenden Gäste auf, die Bar zu verlassen.*

Nach bestimmten Verben, wie zum Beispiel **ask, tell, want, expect** und **need**, kann also das Objekt des Hauptsatzes zum Subjekt des Infinitivsatzes werden. Es steht dann immer vor dem Infinitiv mit **to**:

The athletes wanted the spectators **to cheer them up.**	*Die Athleten wollten vom Publikum aufgemuntert werden.*
They expect it **to stop raining tomorrow.**	*Sie nehmen an, dass es morgen aufhört zu regnen.*
I need him **to move furniture for me.**	*Ich hätte gern, dass er für mich Möbel umstellt.*

Wenn das Subjekt des Infinitivsatzes allerdings mit dem des Hauptsatzes identisch ist, dann erscheint das Subjekt nur im Hauptsatz:

We **wanted to see New York in spring.**	*Wir wollten New York im Frühjahr sehen.*
They **expect to find some buried treasures soon.**	*Sie erwarten, bald vergrabene Schätze zu finden.*
I **need to call the movers.**	*Ich muss die Spedition anrufen.*

Adverbialer Gebrauch

Man kann mit einem Infinitivsatz auch den Sinn oder Zweck einer Handlung zum Ausdruck bringen. In diesem Fall kann der Infinitivsatz von **to** oder der Formel **in order to** eingeleitet werden:

Mrs. Green went to the party to **keep an eye on her daughters.**	*Mrs. Green ist zu der Party gegangen, um ihre Töchter im Auge zu behalten.*
You need to turn on the light in order to **see properly.**	*Du musst das Licht anmachen, um besser sehen zu können.*

ing-Sätze

Ähnlich wie beim Infinitiv mit **to** kann man auch mit der **ing**-Form
eines Verbs einen Nebensatz bilden. Dieser Nebensatz kann zum
Beispiel eine kausale Bedeutung haben, das heißt er beschreibt einen
Grund oder eine Ursache:

Desperately needing **money, they started a small business.**	*Da sie dringend Geld benötigten, gründeten sie ein kleines Geschäft.*
Having **lost his car keys, he continued his journey on foot.**	*Da er seine Autoschlüssel verloren hatte, setzte er seine Reise zu Fuß fort.*

Darüber hinaus kann man einen **ing**-Satz auch am Ende eines Hauptsatzes anfügen. In diesem Fall beschreibt der **ing**-Satz, dass zwei
Handlungen gleichzeitig ablaufen:

Maurice was at home eating steaks for breakfast.	*Maurice war zu Hause und aß zum Frühstück Steaks.*
Sabrina crawled around on the floor picking up the fallen coins.	*Sabrina kroch auf dem Boden herum und hob alle Münzen auf, die heruntergefallen waren.*

Auch mit den Präpositionen **after, before, without** und **while** und
der **ing**-Form eines Verbs kann man einen Nebensatz bilden. Dies ist
jedoch nur möglich, wenn das Subjekt des Hauptsatzes und das
gedachte Subjekt des Nebensatzes identisch sind:

Clean up after finishing your work.	*Räumt auf, wenn ihr mit eurer Arbeit fertig seid.*
Before bathing**, he looked at the clock.**	*Bevor er badete, schaute er auf die Uhr.*
He put up his feet without removing his shoes.	*Er legte seine Füße hoch, ohne seine Schuhe auszuziehen.*
The chef prepared the salad while flipping pancakes.	*Der Koch bereitete den Salat zu, während er Pfannkuchen in der Luft herumwirbelte.*

Nach **instead of** und **by** steht immer eine **ing**-Form:

Instead of buying groceries, he spent the money on pinball.	*Anstatt Lebensmittel zu kaufen, gab er das Geld für Flipperspiele aus.*
You could try to fix it by pressing that button.	*Du könntest versuchen es zu reparieren, indem du diesen Knopf drückst.*

Ein **ing**-Satz kann auch als Subjekt eines Hauptsatzes dienen:

Climbing mountains can be great fun.	*Bergsteigen kann viel Spaß machen.*
Seeing their incompetence drives me crazy.	*Es macht mich wahnsinnig, wenn ich mir ansehen muss, wie unfähig sie sind.*

Verben, nach denen eine *ing*-Form steht

Nach den folgenden Verben steht meist eine **ing**-Form:

enjoy	*sehr gern tun, genießen*	mind	*etwas ausmachen*
finish	*beenden, aufhören, etwas zu Ende machen*	miss	*vermissen*
		practice	*üben*
go	*gehen*	remember	*sich an etwas erinnern*
imagine	*sich etwas vorstellen*	stop	*aufhören*
keep	*weitermachen*	try	*versuchen*
like	*gern tun*	start	*anfangen*

They finally **stopped banging** the pans together.	*Endlich hörten sie damit auf, Pfannen zusammenzuknallen.*
I **enjoy swimming** in warm water.	*Ich schwimme sehr gern in warmem Wasser.*
We didn't **mind walking** the ten miles.	*Es machte uns nichts aus, die zehn Meilen zu Fuß zu gehen.*
Let's **go swimming** tomorrow!	*Gehen wir morgen schwimmen!*
Pauline **kept bothering** me.	*Pauline hat mich ständig gestört.*

! Vorsicht! Nach **stop** kann sowohl eine **ing**-Form als auch ein Infinitiv mit **to** folgen. Die beiden Konstruktionen haben jedoch eine völlig unterschiedliche Bedeutung – **stop doing something** bedeutet *aufhören, etwas zu tun* und **stop to do something** bedeutet *aufhören, um etwas zu tun*:

They finally **stopped shouting** at me.	*Sie hörten endlich auf, mich anzuschreien.*
They finally **stopped to shout** at me.	*Sie hörten endlich auf, um mich anzuschreien.*

Präpositionen, nach denen eine *ing*-Form steht

Nach den meisten Präpositionen steht ebenfalls die **ing**-Form eines Verbs:

be afraid of	*davor Angst haben*
be for/against	*dafür/dagegen sein*
be good/bad at	*darin gut/schlecht sein*
be interested in	*daran interessiert sein*
be tired of	*es satt haben*
be used to	*es gewohnt sein*
believe in	*daran glauben*
feel like	*dazu Lust haben*
insist on	*darauf bestehen*
look forward to	*sich darauf freuen*
think about	*daran denken, sich überlegen*

I **look forward to hearing** from you.	*Ich freue mich darauf, von Ihnen zu hören.*
I **feel like having** a swim.	*Ich habe Lust zu schwimmen.*
I didn't **feel like working**.	*Ich hatte keine Lust zu arbeiten.*
My grandmother **believes in eating** porridge for breakfast every day.	*Meine Großmutter ist davon überzeugt, dass man jeden Tag Haferbrei zum Frühstück essen sollte.*

! Vorsicht! Verwechseln Sie die Präposition **to** nicht mit dem Infinitiv mit **to**:

I was **prepared to do** anything.	*Ich war bereit, alles zu tun.*
The group **went on to discuss** the weather.	*Die Gruppe unterhielt sich anschließend über das Wetter.*
He **used to call** me up in the middle of the night.	*Früher hat er mich mitten in der Nacht angerufen.*

Die **ing**-Form eines Verbs folgt also nur auf die Präposition **to**:

I have no **objection to waiting**.	*Ich habe nichts dagegen, zu warten.*
Next to sleeping, my favourite activity is watching TV.	*Neben Schlafen ist Fernsehen meine Lieblingsbeschäftigung.*
I'm **used to hearing** his complaints.	*Ich bin es gewohnt, seine Klagen zu hören.*

Bei einer Reihe von Verben kann vor der darauf folgenden **ing**-Form noch ein Objekt oder eine Possessivform stehen:

appreciate	*zu schätzen wissen*
excuse	*entschuldigen*
mind	*etwas dagegen haben*
miss	*vermissen*
remember	*sich daran erinnern*
resent	*übel nehmen*
understand	*verstehen*

I remember him/his burning the photo.	*Ich erinnere mich daran, wie er das Foto verbrannte.*
I can understand them/their wanting to be alone.	*Ich kann es verstehen, dass sie alleine sein wollen.*

Dasselbe gilt für die folgenden Kombinationen aus einem Verb und einer Präposition. Auch hier kann vor der darauf folgenden **ing**-Form ein Objekt oder eine Possessivform stehen:

be afraid of	*davor Angst haben*
be fed up with	*die Nase voll haben*
be used to	*es gewohnt sein*
hear about	*davon hören*
look forward to	*sich darauf freuen*
object to	*etwas dagegen haben*

I'm fed up with you/your running around with other women.	*Ich habe die Nase voll davon, dass du mit anderen Frauen herumläufst.*
They objected to people/people's sunbathing naked.	*Sie hatten etwas dagegen, dass Leute sich nackt sonnen.*

ing-Formen

Man bildet die **ing**-Form eines Verbs durch Anhängen von **-ing** an den Infinitiv. Beachten Sie dabei jedoch die folgenden Besonderheiten in der Schreibweise:

- Bei Verben, die auf einen kurzen Vokal + Konsonant enden, wird der Konsonant verdoppelt, wenn die dazugehörige Silbe betont ist:

We are getting on well.	*Wir verstehen uns im Moment gut.*
aber	
We are visiting my relatives.	*Wir besuchen gerade meine Verwandten.*

- Bei Verben, die auf Konsonant + **-e** enden, fällt das **-e** in der **ing**-Form weg:

I'm having breakfast.	*Ich frühstücke gerade.*

Let, have und *make*

Im Deutschen kann man das Verb *lassen* zusammen mit einem Infinitiv verwenden. Dabei kann *lassen* zwei unterschiedliche Bedeutungen haben: Zum einen kann es im Sinne von *erlauben* oder *zulassen* gebraucht werden, zum anderen kann *lassen* jedoch auch *veranlassen* oder *zwingen* bedeuten. Sehen Sie sich die folgenden Beispiele einmal an:

erlauben	*Die Chefin ließ ihre Angestellten früher nach Hause gehen.*
zulassen	*Frieda hat ihren Hund sämtliche Möbel zerstören lassen.*
veranlassen	*Ich habe meinen Rock reinigen lassen.*
zwingen	*Der Lehrer ließ die beiden eine Stunde lang nachsitzen.*

Im Englischen benutzt man für diese unterschiedlichen Bedeutungen auch unterschiedliche Verben. Die englische Entsprechung zu *lassen* im Sinne von *erlauben* oder *zulassen* ist das Verb **let**. Dem deutschen *lassen* im Sinne von *veranlassen* entspricht im Englischen das Verb **have**, und wenn man *lassen* in der Bedeutung *zwingen* ausdrücken möchte, dann benutzt man im Englischen das Verb **make**.

Let *(erlauben/zulassen)*

Auf das Verb **let** folgt in der Regel immer eine Satzkonstruktion, die aus einem Objekt und einem Verb im Infinitiv ohne **to** besteht. Nach dem Infinitiv können auch noch weitere Satzelemente (zum Beispiel ein weiteres Objekt oder ein Adverb) ergänzt werden:

Despite the complaints, the police let them sing.	*Trotz der Beschwerden hat die Polizei sie singen lassen.*
He let the sand run through his fingers.	*Er ließ den Sand durch seine Finger rieseln.*

Nach **let** kann auch eine Satzkonstruktion im Passiv folgen. Das auf **let** folgende Verb steht dann im Infinitiv Passiv (**be** + Past Participle):

The guards let the money be stolen.	*Die Wächter haben es zugelassen, dass das Geld gestohlen wurde.*
The injured athlete let himself be carried off the field.	*Der verletzte Spieler ließ sich vom Feld tragen.*

Have *(veranlassen/in Auftrag geben)*

Auch auf das Verb **have** kann eine Konstruktion aus einem Objekt und einem Verb im Infinitiv ohne **to** folgen:

The Ellisons are having the carpenter make them a kitchen cabinet.	*Die Ellisons lassen sich vom Schreiner einen Küchenschrank machen.*
Merle had her daughter do the dishes.	*Merle hat ihre Tochter abspülen lassen.*

Nach **have** ist ebenfalls eine Passivkonstruktion möglich, allerdings steht das auf **have** folgende Verb dann nicht im Infinitiv Passiv, sondern im Past Participle:

The priest has the church bells rung before weddings.	*Der Priester lässt die Kirchenglocken vor Hochzeiten läuten.*
I had my suit cleaned only last week.	*Ich habe meinen Anzug erst letzte Woche reinigen lassen.*

Make *(veranlassen/zwingen)*

Auf **make** im Sinne von *veranlassen* oder *zwingen* kann wie bei **let** und **have** eine Satzkonstruktion aus einem Objekt und einem Verb im Infinitiv ohne **to** folgen. Diese Konstruktion hat bei **make** jedoch immer eine aktive Bedeutung:

Mrs. Grundy made her children give their teacher a present.	*Mrs. Grundy zwang ihre Kinder, ihrer Lehrerin ein Geschenk zu machen.*
Sherrie always makes her little brother take out the garbage.	*Sherrie lässt immer ihren kleinen Bruder den Müll nach draußen bringen.*

Man benutzt die Konstruktion aus **make**, einem Objekt und dem Verb im Infinitiv ohne **to** auch, wenn etwas unabsichtlich verursacht wird:

Howard's thoughtless remark made his listeners see red.	*Howards gedankenlose Bemerkung ließ seine Zuhörer rotsehen.*
The loud bang made the passers-by run away in fright.	*Der laute Knall ließ die Passanten vor Schreck weglaufen.*

Leicht gemerkt!

Beachten Sie, dass auf die Verben **force** *(zwingen)*, **cause** *(verursachen)* und **allow** *(erlauben)* im Gegensatz zu **let, have** und **make** immer ein Verb im Infinitiv mit **to** folgt:

They forced me to watch that terrible film.	*Sie zwangen mich, diesen schrecklichen Film anzuschauen.*
An earthquake caused the houses to collapse.	*Ein Erdbeben ließ die Häuser einstürzen.*
I allowed them to take my car.	*Ich erlaubte ihnen, mein Auto zu nehmen.*

> Bilden Sie selbst englische Sätze mit den Verben **let, have** und **make** und Sätze mit **force, cause** und **allow**. Achten Sie dabei immer auf die richtige Verwendung des Infinitivs mit oder ohne **to** in den jeweiligen Satzkonstruktionen. Bestimmt ist Ihnen aufgefallen, dass **let** und **allow** bzw. **make** und **force** oder **cause** in etwa dasselbe bedeuten. Versuchen Sie einmal, Ihre selbst gebildeten Sätze entsprechend umzuformen, indem Sie **let** durch **allow** und **make** durch **force** oder **cause** ersetzen, und achten Sie dabei wieder auf den richtigen Satzbau!

12 | Questions – *Fragesätze*

Die englischen Fragewörter

what	*was*
which	*welcher, welche, welches*
who	*wer, wen, wem*
whose	*wessen*
whom	*wen, wem*
when	*wann*
where	*wo*
why	*warum*
how	*wie*

Fragen mit Fragewörtern

Genau wie im Deutschen steht das Fragewort in englischen Fragesätzen meist am Satzanfang. Beachten Sie jedoch die jeweils richtige
Wortstellung: Bildet das Fragewort gleichzeitig das Subjekt des Fragesatzes, dann findet keine Inversion statt. Das bedeutet, dass in solchen
Fragesätzen kein Hilfs- oder Modalverb vor das Subjekt rückt:

Who saw the burglars first?	*Wer hat die Einbrecher zuerst gesehen?*
What caused the accident?	*Was hat den Unfall verursacht?*

Ist das Fragewort nicht gleichzeitig das Subjekt des Fragesatzes, dann
rückt ein Hilfs- oder Modalverb vor das Subjekt:

What do you want?	*Was willst du?*
How much does that gold ring cost?	*Wie viel kostet dieser Goldring?*

Um beispielsweise großes Erstaunen auszudrücken, oder um einzelne Satzelemente innerhalb einer Frage besonders hervorzuheben (wenn man zum Beispiel etwas nicht richtig verstanden hat), können Fragesätze jedoch auch – besonders in der gesprochenen Sprache – dieselbe Satzstruktur wie Aussagesätze haben:

Sprecher A:	
Dad bought us a new car.	*Papa hat uns ein neues Auto gekauft.*
Sprecher B:	
Dad bought us WHAT?	*Papa hat uns WAS gekauft?*

Auf dieselbe Weise kann man sogar nach einem Verb und dem dazugehörigen Objekt fragen. Dazu benutzt man die entsprechende Form von **do** und ein Fragewort:

Sprecher A:	
Mary gave Robert the keys.	*Mary hat Robert die Schlüssel gegeben.*
Sprecher B:	
Mary did WHAT?	*Mary hat WAS getan?*

Fragen mit Fragewörtern

Besonders in der gesprochenen Sprache existiert das Fragewort **whom** *(wen/wem)* kaum noch.

Vor allem im amerikanischen Englisch ist **whom** fast völlig verschwunden. Stattdessen benutzt man eher das Fragewort **who**:

Who did she see?   *Wen hat sie gesehen?*
Who were you talking to just now?   *Mit wem hast du gerade gesprochen?*

In der gehobenen Schriftsprache findet man **whom** jedoch noch häufiger:

Whom did she see?   *Wen hat sie gesehen?*
To whom must one speak about   *Mit wem muss man über solche*
such matters?   *Angelegenheiten sprechen?*

Oft werden in Verbindung mit Fragewörtern auch Präpositionen (**on, by, in, to** usw.) benötigt. Diese können an zwei unterschiedlichen Positionen im Fragesatz stehen.

- Im formellen, hauptsächlich schriftlichen Sprachgebrauch kann die Präposition im Fragesatz vor dem Fragewort stehen:

On which corner was the   *An welcher Ecke stand der Musi-*
musician standing?   *kant?*
To which thief did the docent   *Welchem Dieb zeigte die Museums-*
show the collection?   *pädagogin die Sammlung?*

Auch vor dem eher seltenen Fragewort **whom** kann eine Präposition stehen:

To whom did you turn then?   *An wen haben Sie sich dann*
                                             gewendet?

- Im normalen Sprachgebrauch aber steht die Präposition am Ende des Fragesatzes:

Which corner was the   *An welcher Ecke ist der Musikant*
musician standing **on**?   *gestanden?*
Which thief did the docent   *Welchem Dieb hat die Museums-*
show the collection **to**?   *pädagogin die Sammlung gezeigt?*
Who did you turn **to** then?   *An wen haben Sie sich dann*
                                             gewendet?

Fragen mit Fragewörtern

Indirekte Fragesätze

Achten Sie bei Fragen im Nebensatz, den so genannten indirekten Fragesätzen, auf die richtige Wortstellung. Bei indirekten Fragesätzen findet keine Inversion statt. Das bedeutet, dass hier kein Hilfs- oder Modalverb vor das Subjekt des Satzes rückt, egal ob das Fragewort das Subjekt des Nebensatzes ist oder nicht. Indirekte Fragesätze haben also dieselbe Wortstellung wie Aussagesätze.

Direkte Fragesätze	
What did you say? **How many would you like?** **What do we want?**	*Was hast du gesagt?* *Wie viele möchten Sie?* *Was wollen wir?*
Indirekte Fragesätze	
She asked him what he had said. **The salesclerk asked how many they would like.** **Simon and Bonnie don't know what they want.**	*Sie fragte ihn, was er gesagt hatte.* *Die Verkäuferin fragte, wie viele sie möchten.* *Simon und Bonnie wissen nicht, was sie wollen.*

Leicht gemerkt!

Merken Sie sich die richtige Stellung der Satzelemente in Fragen mit Fragewörtern:

- Fragesätze, in denen das Fragewort gleichzeitig das Subjekt des Satzes bildet, haben dieselbe Struktur wie Aussagesätze:

What *Was*	**caused** *verursachte*	**the accident** *den Unfall*	**last night?** *gestern Abend?*
Subjekt	**Verb**	**Objekt**	**Ergänzung**
George *George*	**plays** *spielt*	**football** *Fußball*	**in a club.** *in einem Verein.*

- In Fragesätzen, in denen das Fragewort nicht gleichzeitig das Subjekt des Satzes bildet, rückt ein konjugiertes Hilfsverb (**be, do** oder **have**) oder ein Modalverb (**can, may, will**, ...) vor das Subjekt, es findet die so genannte Inversion statt:

Where do you want to go today?	*Wo möchtest du heute hingehen?*
When will we meet again?	*Wann werden wir uns wieder sehen?*

- Indirekte Fragesätze, also Fragen im Nebensatz, haben dieselbe Satzstellung wie Aussagesätze:

They wanted to know what caused the accident.	*Sie wollten wissen, was den Unfall verursachte.*
He asked me when we would meet again.	*Er fragte mich, wann wir uns wieder sehen würden.*

13 | Relative Clauses – *Relativsätze*

Defining und *non-defining relative clauses*

Relativsätze sind Nebensätze, die in der Regel ein Substantiv beschreiben:

The girl who swims fastest wins a prize.	*Das Mädchen, das am schnellsten schwimmt, gewinnt einen Preis.*
The fish which jumped out of the water was a salmon.	*Der Fisch, der aus dem Wasser sprang, war ein Lachs.*

Man unterscheidet im Englischen zwei Arten von Relativsätzen: In den Beispielsätzen oben dient der Relativsatz jeweils dazu, das Subjekt des Hauptsatzes (also **The girl** bzw. **The fish**) näher zu bestimmen und dessen Bedeutung genauer zu definieren. Relativsätze, die also zur Bestimmung oder näheren Beschreibung eines Subjekts oder Objekts notwendig sind, bezeichnet man als **defining relative clauses**.

Es gibt jedoch auch Relativsätze, die lediglich dazu dienen, zusätzliche Informationen zu einem Substantiv (bzw. zu einem Subjekt oder Objekt) zu liefern. Solche Relativsätze sind nicht zur genauen Bestimmung oder Identifikation eines Substantivs notwendig, und man bezeichnet sie daher als **non-defining relative clauses**:

The fastest one, who of course wins, receives a prize.	*Die Schnellste, die natürlich gewinnt, bekommt einen Preis.*
Peter, who was a bit shy, kept quiet.	*Peter, der ein bisschen schüchtern war, blieb still.*

Zur Unterscheidung von Relativsätzen

In der geschriebenen Sprache kann man sehr einfach zwischen den beiden genannten Arten von Relativsätzen unterscheiden: Zur Identifikation eines Substantivs notwendige Relativsätze (defining relative clauses) werden nicht durch Kommata vom Hauptsatz getrennt. Ist ein Relativsatz jedoch nicht unbedingt notwendig und dient nur dazu, Zusatzinformationen zu liefern (non-defining relative clauses), dann wird er jeweils durch ein Komma davor und danach vom Hauptsatz getrennt:

Those books which everyone has read **are boring.**	*Die Bücher, die jeder gelesen hat, sind langweilig.*
His new book, which everyone has read**, is boring.**	*Sein neues Buch, das jeder gelesen hat, ist langweilig.*

! Die Unterscheidung zwischen den beiden Arten von Relativsätzen ist sehr wichtig, da unterschiedliche Relativsätze die Bedeutung des gesamten Satzes sehr stark verändern können:

Mary knows few boys who knit**.**	*Mary kennt nur wenige Jungs, die stricken.*
Mary knows few boys, who knit**.**	*Mary kennt nur wenige Jungs, und die Jungs stricken alle.*

In der gesprochenen Sprache muss man sich meist aus dem Satzzusammenhang erschließen, um welche Art von Relativsatz es sich handelt. Oft macht ein Sprecher jedoch bei einem Komma eine kurze Sprechpause.

Relative Pronouns – *Relativpronomen*

Die Relativpronomen im Englischen lauten: **who, whom, whose, which, when, where** und **why**. Darüber hinaus gibt es noch das neutrale Relativpronomen **that**.

• Die Relativpronomen **who, whose** und **whom** benutzt man meist bei Personen oder gelegentlich auch bei Haustieren:

I met a man who **can walk on his hands.**	*Ich habe einen Mann getroffen, der auf seinen Händen laufen kann.*
A woman who **was sweeping the sidewalk gave us directions.**	*Eine Frau, die gerade den Gehweg kehrte, erklärte uns den Weg.*
That dog, who **did tricks, followed me home.**	*Dieser Hund, der Kunststücke machen konnte, folgte mir nach Hause.*

Auch als Relativpronomen wird **whom** in der gesprochenen Sprache eher selten gebraucht (▶ Fragen mit Fragewörtern). Man verwendet hier eher das Relativpronomen **who**:

The police officer whom you saw. ▶ **The police officer who** you saw.	*Der Polizist, den/Die Polizistin, die du gesehen hast.*

Im Gegensatz zu **who** und **whom** kann man **whose** auch bei Gegenständen benutzen:

A chest, whose hinges were broken, stood in the corner.	*Eine Kiste, deren Scharniere kaputt waren, stand in der Ecke.*

Anstatt **whose** kann man bei Gegenständen jedoch auch die Konstruktion **of which** benutzen. Achten Sie dabei jedoch auf die richtige Wortstellung im Relativsatz:

A chest, the hinges **of which** were broken, stood in the corner.	*Eine Kiste, deren Scharniere kaputt waren, stand in der Ecke.*

- Das Relativpronomen **which** verwendet man ausschließlich bei Gegenständen und Dingen:

The cookies which I dropped made Fido happy.	*Die Kekse, die mir aus der Hand gefallen sind, machten Fido glücklich.*

In Verbindung mit einem Relativpronomen können auch Präpositionen (zum Beispiel **to, for, of** etc.) auftreten. Diese stehen meist – vor allem in der gesprochenen Sprache – am Ende des Relativsatzes:

The businesswoman who Graham was talking **to** was his aunt. **The vegetables which** the chef had asked **for** were delivered.	*Die Geschäftsfrau, mit der Graham gesprochen hat, war seine Tante.* *Das Gemüse, um das der Koch gebeten hatte, wurde geliefert.*

Im formellen Sprachgebrauch steht die Präposition jedoch vor dem Relativpronomen. Hier findet man auch häufiger das Relativpronomen **whom**:

The businesswoman to whom Graham was talking was his aunt.	*Die Geschäftsfrau, mit der Graham gesprochen hat, war seine Tante.*

• **When, where** und **why**

Als Relativpronomen benutzt man **when** bei verschiedenen Zeitangaben:

Do you remember the time when Walt scared the neighbours with his trumpet?	*Erinnerst du dich daran, als Walt mit seiner Trompete die Nachbarn erschreckte?*
That was the night when the electricity went out.	*Das war der Abend, an dem der Strom ausgefallen ist.*

Where wird meist bei Ortsangaben verwendet. Es kann aber auch
in anderen Zusammenhängen als Relativpronomen auftreten:

The city where I left my heart was San Francisco.	*Die Stadt, wo ich mein Herz verlor, war San Francisco.*
I know a restaurant where you get all you can eat for ten dollars.	*Ich kenne ein Restaurant, wo man für zehn Dollar so viel bekommt, wie man essen kann.*
It was a situation where nobody could win.	*Es war so eine Situation, in der keiner gewinnen konnte.*
I was having a day where everything went wrong.	*Ich hatte gerade so einen Tag, an dem alles schief geht.*

Das Relativpronomen **why** benutzt man, um einen Grund oder eine
Ursache näher zu bestimmen:

I never understood the reason why he left her.	*Ich habe nie verstanden, warum er sie verlassen hat.*

Das Relativpronomen *that*

Häufig verwendet man anstelle von **who** oder **which** auch das neutrale Relativpronomen **that**. Man kann **that** sowohl bei Personen als auch bei Gegenständen oder Dingen benutzen:

The man that I saw had brown hair.	*Der Mann, den ich gesehen habe, hatte braune Haare.*
The lamp that we bought was very expensive.	*Die Lampe, die wir gekauft haben, war sehr teuer.*
The mouse that lives in my kitchen is quite clever.	*Die Maus, die in meiner Küche lebt, ist ganz schön schlau.*

Präpositionen stehen in Verbindung mit **that** immer am Ende des Relativsatzes:

The chair **that** Andrew was sitting **on** collapsed.	*Der Stuhl, auf dem Andrew saß, ist zusammengebrochen.*
The young woman **that** he was talking **about** doesn't like us.	*Die junge Frau, von der er geredet hat, mag uns nicht.*

> **That** kann man nur in Relativsätzen benutzen, die zur Bestimmung oder Identifikation eines Subjekts oder Objekts notwendig sind, also nur in **defining relative clauses**. In **non-defining relative clauses** muss man die übrigen Relativpronomen **who**, **which** etc. verwenden.

Besonders in der gesprochenen Sprache kann man in einigen Fällen das Relativpronomen auch ganz weglassen:

The hotel they took Debbie to had a swimming pool.	*Das Hotel, in das sie Debbie einluden, hatte einen Swimmingpool.*

Man muss jedoch die folgenden Regeln beachten, wenn man das Relativpronomen weglassen möchte:

• Man kann das Relativpronomen nur in **defining relative clauses** weglassen. Handelt es sich bei einem Relativsatz aber um einen **non-defining relative clause**, dann muss man das entsprechende Relativpronomen benutzen.

• Man kann das Relativpronomen zudem nur dann weglassen, wenn es nicht gleichzeitig das Subjekt des Relativsatzes ist.

This is the man who/that saw the movie star.	*Das ist der Mann, der den Filmstar gesehen hat.*
That's the man (who/that) the movie star saw.	*Das ist der Mann, den der Filmstar gesehen hat.*
This is the man (who/that) I saw the movie star with.	*Das ist der Mann, mit dem ich den Filmstar gesehen habe.*
Peter, who saw the movie star, kissed the girl.	*Peter, der den Filmstar sah, küsste das Mädchen.*

Im ersten Beispiel kann man das Relativpronomen nicht weglassen, da es gleichzeitig das Subjekt des Relativsatzes bildet. Im zweiten und dritten Beispiel hingegen ist es möglich, das Relativpronomen wegzulassen: Beide Relativsätze sind **defining relative clauses**, die ein eigenes Subjekt (**the movie star** bzw. **I**) haben. Im letzten Beispiel wiederum kann das Relativpronomen **who** nicht weggelassen werden, da es sich bei dem Relativsatz um einen **non-defining relative clause** handelt.

Free Relatives – *Freie Relativsätze*

Als freie Relativsätze bezeichnet man Relativsätze, die kein Subjekt oder Objekt näher bestimmen, sondern alleine stehen können. Freie Relativsätze können also selbst als Subjekt oder Objekt eines Satzes fungieren:

Subjekt	
What irritated me so much was their attitude.	*Was mich so ärgerte, war ihre Einstellung.*
Objekt	
He likes what he cooks.	*Er mag, was er kocht.*

In freien Relativsätzen benutzt man meist die Relativpronomen **what, where, when** und manchmal auch **who**:

What you need is exercise. **I have what you want.** **It wasn't where it was supposed to be.** **They came and went when they pleased.** **I'm going to thrash who did it.**	*Was du brauchst, ist Bewegung.* *Ich habe, was du willst.* *Es war nicht dort, wo es hätte sein sollen.* *Sie kamen und gingen, wann es ihnen passte.* *Ich werde den verprügeln, der das getan hat.*

Oft findet man in freien Relativsätzen auch die Relativpronomen **whatever** *(was auch immer)*, **wherever** *(wo auch immer)*, **whenever** *(wann auch immer)* und **whoever** *(wer auch immer)*:

Whoever told you that was lying.	*Wer immer dir das auch gesagt hat, hat gelogen.*
I'll bring whatever you need.	*Ich bringe dir, was immer du brauchst.*
They simply went wherever the bus took them.	*Sie sind einfach dorthin gefahren, wo der Bus gerade hinfuhr.*
We can leave whenever you're ready.	*Wir können gehen, wann immer du fertig bist.*

Leicht gemerkt!

Merken Sie sich die beiden unterschiedlichen Arten von Relativsätzen im Englischen:

Defining relative clauses...

The book which/that I am reading is good.	*Das Buch, das ich gerade lese, ist gut.*

- bestimmen das Subjekt des Hauptsatzes näher und definieren dessen Bedeutung genauer.
- werden nicht durch Kommata vom Hauptsatz getrennt.
- können durch das Relativpronomen **that** eingeleitet werden.

Non-defining relative clauses...

Jane, who is 25 years old, has a good job.	*Jane, die 25 Jahre alt ist, hat einen guten Job.*

- liefern zusätzliche (nicht unbedingt notwendige) Informationen zum Subjekt des Hauptsatzes und können daher auch oft weggelassen werden.
- werden durch Kommata vom Hauptsatz getrennt.
- können nicht durch das Relativpronomen **that** eingeleitet werden.

Im Internet oder auch in englischen Tageszeitungen und Zeitschriften finden Sie eine Menge Texte, in denen auch Relativsätze vorkommen. Lesen Sie sich verschiedene Texte durch und markieren Sie die Relativsätze darin. Können Sie schon unterscheiden, ob es sich jeweils um einen **defining** oder **non-defining relative clause** handelt?

14 | Negation – *Verneinung*

Wörter mit negativer Bedeutung

Im Englischen kann man einen Satz zum Beispiel mit **not, never** oder **no** verneinen:

I did not say that!	*Das habe ich nicht gesagt!*
You never listen to your parents, do you?	*Du hörst nie auf deine Eltern, oder?*
There is no milk in the fridge.	*Es ist keine Milch im Kühlschrank.*

Darüber hinaus gibt es jedoch noch eine Reihe weiterer Wörter, die einem Satz eine negative Bedeutung geben können:

few	*nur wenige*
rarely, seldom	*selten*
hardly, scarcely, barely	*kaum*

Any in verneinten Sätzen und bei Fragen

Das Wort **any** und seine Zusammensetzungen (wie zum Beispiel **anyone, anywhere, anything** etc.) verwendet man im Gegensatz zu **some** und den Zusammensetzungen **someone, somewhere, something** meist in verneinten Sätzen oder bei Fragen.

Man benutzt **any** und seine Zusammensetzungen oft nach einem verneinten Subjekt:

No one ever said anything.	*Keiner hat jemals etwas gesagt.*
Few sloths went anywhere.	*Nur wenige Faultiere sind irgendwohin gegangen.*

Auch in Sätzen, die durch ein Adverb (wie zum Beispiel **seldom** oder **never**) verneint werden, verwendet man häufig **any** und seine Zusammensetzungen:

Kerry seldom talked to anybody.	*Kerry hat selten mit irgendjemand gesprochen.*
Duncan almost never does anything.	*Duncan tut fast nie etwas.*

Any und seine Zusammensetzungen stehen auch nach verneinten Verbformen:

There **weren't any** more.	*Es gab keine mehr.*
I **couldn't** find my gloves **anywhere**.	*Ich konnte meine Handschuhe nirgendwo finden.*

Und schließlich benutzt man **any** und seine Zusammensetzungen auch häufig bei Fragen, auf die man mit *ja* oder *nein* antworten kann:

Has **anybody** seen my raincoat?	*Hat jemand meinen Regenmantel gesehen?*
Can you build **anything** at all?	*Kannst du überhaupt irgendetwas zusammenbauen?*

Leicht gemerkt!

Merken Sie sich den unterschiedlichen Gebrauch von **some** und **any**:

- **Some** und die Zusammensetzungen **someone/somebody** *((irgend)jemand)*, **something** *((irgend)etwas)* und **somewhere** *(irgendwo)* benutzt man in Aussagesätzen und in Fragesätzen, bei denen man eine positive Antwort erwartet:

I'd like some butter with my bread.	*Ich hätte gerne etwas Butter zu meinem Brot.*
Could I have some more coffee, please?	*Könnte ich bitte noch etwas Kaffee bekommen?*

- **Any** und seine Zusammensetzungen **anyone/anybody** *((irgend)jemand)*, **anything** *((irgend)etwas)* und **anywhere** *(irgendwo)* werden dagegen in verneinten Aussagesätzen und in Fragesätzen verwendet, deren Antwort der Sprecher nicht kennt:

We haven't got any milk left.	*Wir haben keine Milch mehr.*
Are there any shoe shops in this road?	*Gibt es in dieser Straße Schuhgeschäfte?*

Erklärungen wichtiger Grammatikbegriffe

Active
(Aktiv) Eine Satzform, in der das vom Verb verlangte Subjekt auch tatsächlich als Subjekt dient. Vgl. ▶ **Passive**

Adjective
(Adjektiv, Eigenschaftswort) Ein Adjektiv beschreibt in der Regel ein ▶ **Noun** näher.

Adverb
(Adverb, Umstandswort) Ein Adverb ist ein Wort, das ein ▶ **Verb**, ein ▶ **Adjective**, ein anderes Adverb oder einen ganzen Satz näher bestimmt.

Article
(Artikel, Geschlechtswort) Der Artikel steht im Englischen immer vor einem ▶ **Noun** und gibt an, ob dieses bestimmt oder unbestimmt ist.

Auxiliary
Vgl. ▶ **Hilfsverb**

Full verb
Vgl. ▶ **Vollverb**

Hauptsatz
In einem Satzgefüge beschreibt ein Hauptsatz das Hauptereignis bzw. den Hauptgegenstand eines Satzes. So ist zum Beispiel in dem Satz **They said that the tree was old.** der Hauptsatz **They said**, da der Hauptgegenstand des Satzes die Tatsache ist, dass jemand etwas gesagt hat.

Hilfsverb
Ein Hilfsverb benötigt man zur Unterstützung eines ▶ **Vollverbs** bei der Bildung bestimmter Zeitformen oder für bestimmte grammatikalische Strukturen (z.B. für Fragen und Verneinungen). In englischen Aussagesätzen steht das Hilfsverb in der Regel immer vor dem Vollverb.

Infinitive
(Infinitiv, Grundform des Verbs) Mit dem Infinitiv bezeichnet man die Grundform eines ▶ **Verbs**. Er enthält in der Regel keine zeitliche Information.

Modal verb
(Modalverb, modales Tätigkeitswort) Die wichtigsten englischen Modalverben sind **can, could, will, would, shall, should, may, might** und

must. Mit einem Modalverb kann man z.B. die Möglichkeit oder Wahrscheinlichkeit einer Handlung beschreiben, es dient aber auch dazu,
Fähigkeiten, Absichten, Erlaubnisse oder Verbote auszudrücken. Im
Englischen besitzen Modalverben nur eine Form, sie sind also unveränderlich.

Nebensatz
In einem Satzgefüge beschreibt ein Nebensatz einen Teilsatz, der
einem Hauptsatz beigefügt ist.

Noun
(Nomen, Substantiv, Hauptwort) Ein Nomen bezeichnet in der Regel
einen Gegenstand, ein Lebewesen oder einen abstrakten Begriff.

Object
(Objekt, Ergänzung) Ein Objekt ist eine Ergänzung, die im Satz meist
auf das Verb folgt. Manche Verben lassen zwei Objekte zu, ein indi-
rektes und ein direktes Objekt.

Participle
(Partizip, Mittelwort) Ein Partizip ist eine besondere Form des
▶ *Verbs*, die zum einen als Verb, zum anderen als Adjektiv auftreten
kann. In ihrer Funktion als Verb stehen Partizipien im Satz immer
nach einem Hilfsverb; im Nebensatz können sie auch alleine auftreten.
Vgl. ▶ *Past Participle*

Passive
(Passiv) Eine Satzform, in der nicht das handelnde ▶ *Subject*, sondern der Vorgang selbst im Mittelpunkt steht. Das handelnde Subjekt
kann in englischen Passivsätzen mit der Präposition **by** angeschlossen
werden. Im Deutschen bildet man das Passiv mit dem Hilfsverb *werden*, im Englischen mit **be** oder **get**.

Past Participle
(Partizip Perfekt) Das Past Participle wird zusammen mit dem Hilfsverb
have bei der Bildung der ▶ *Perfect Tenses* und in Verbindung mit
dem Hilfsverb **be** zur Bildung des ▶ *Passive* verwendet.

Perfect Tenses
(Perfekttempora, vollendete Zeitformen) Die Perfect Tenses werden mit
dem Hilfsverb **have** und dem ▶ *Past Participle* gebildet. Sie beschreiben, dass ein Ereignis oder ein Zustand vor einem gegebenen Zeitpunkt geschehen ist bzw. gegolten hat.

Phrase
Eine Phrase bezeichnet in der Regel ein Satzelement aus einem oder mehreren Wörtern, das eine bestimmte Funktion im Satz einnehmen kann, z.B. die Funktion des ▶ *Subject*.

Possessive
(possessiv, besitzanzeigend) Possessive Formen bestimmen, wem etwas gehört oder zuzuordnen ist.

Preposition
(Präposition, Verhältniswort) Präpositionen werden häufig für Zeit-, Orts- oder Richtungsangaben benötigt, können jedoch auch in anderen Zusammenhängen verwendet werden.

Progressive Form
(Verlaufsform) Die Verlaufsform eines ▶ *Verbs* zeigt an, dass eine Handlung oder ein Geschehen zu einem bestimmten Zeitpunkt bereits im Gange ist.

Pronoun
(Pronomen, Fürwort) Ein Pronomen ersetzt in der Regel ein ▶ *Noun* oder ein ganzes Satzelement, wie z.B. ein ▶ *Subject*.

Reflexive Pronoun
(Reflexivpronomen, rückbezügliches Fürwort) Ein Reflexivpronomen ist ein ▶ *Pronoun*, das sich auf das ▶ *Subject* eines Satzes zurück bezieht.

Relative Clause
(Relativsatz) Ein Relativsatz ist ein Nebensatz, der das ▶ *Subject* oder ▶ *Object* eines Hauptsatzes näher bestimmt oder Zusatzinformationen dazu liefert.

Relative Pronoun
(Relativpronomen) Ein Relativpronomen steht am Anfang eines ▶ *Relative Clause*, um diesen mit dem davor stehenden Subjekt oder Objekt zu verbinden.

Subject
(Subjekt, Satzgegenstand) Als Subjekt bezeichnet man das Element, um das es in einem Satz oder Teilsatz geht. Im Deutschen steht das Subjekt oft am Satzanfang. Im Englischen steht es in der Regel vor dem ersten Verb im Satz, nicht unbedingt jedoch direkt am Anfang.

Tense
(Tempus, Zeitform) Das Tempus bezeichnet die Zeitform eines ▶ *Verbs*.

Verb

(Verb, Tätigkeitswort) Ein Verb beschreibt im Satz oft ein Ereignis, eine Handlung oder einen Zustand. Vgl. ▶ **Vollverb** und ▶ **Hilfsverb**

Vollverb

Als Vollverb bezeichnet man dasjenige Verb in einem Satz, welches am meisten Bedeutung trägt. Im Englischen muss jeder vollständige Haupt- und Nebensatz ein Vollverb enthalten. Vgl. ▶ **Verb** und
▶ **Hilfsverb**

Stichwortregister